Basiswissen
Politik / Geschichte / Ökonomie

AF217285

Ulrich Schneider

Auschwitz

**Mit einem Geleitwort von
Henri Goldberg, Fondation Auschwitz**

PapyRossa Verlag

Eine Übersicht aller Titel der PapyRossa-Reihe
Basiswissen Politik / Geschichte / Ökonomie
finden Sie unter shop.papyrossa.de/basiswissen

Inhalt

Was bedeutet Auschwitz heute für uns?
Geleitwort von Henri Goldberg, Fondation Auschwitz   7

I.
Der deutsche Überfall auf Polen
und die Gründung des KZ Auschwitz   12
Die Anfänge des Lagers Auschwitz   15
Die Aufnahme in das Lager   18
Die Erweiterung des Lagers   21

II.
Der Lagerkomplex Auschwitz,
Häftlingsgruppen und Funktionswandel   24
Die Administration des Lagerkomplexes Auschwitz   24
Die Häftlingsgesellschaft   28
Der Alltag der Häftlinge   37
Die Ausbeutung der Häftlinge: Zwangs- und Sklavenarbeit   45
Medizin im KZ Auschwitz   52

III.
Auschwitz als Ort der Massenvernichtung   58
Die Wannsee-Konferenz und die
neue Funktion von Auschwitz-Birkenau   58
Der Beginn der Ermordung mit Zyklon B   61
Der Ausbau der Tötungseinrichtungen   64
Die Massendeportation europäischer Juden nach Auschwitz   65
Die Selektion – Vorbereitung der Vernichtung   74
Die Ermordung   76
Die Beseitigung der Leichen und der Zeugen   78
»Porajmos« – das »Zigeunerlager Auschwitz«
als Teil der Massenvernichtung   81

IV.
Profiteure des Todes: Die IG Farben
und der Aufbau von Auschwitz-Monowitz   85
Die Lebensbedingungen der
Häftlinge in Auschwitz-Monowitz   96

V.
Überlebenswillen und Widerstand   99
Flucht und Informationen an die Alliierten   106
Hinrichtungen von Widerstandskämpfern   108
Sabotageaktionen   109
»Kampfgruppe Auschwitz«   110
Aufstände in Auschwitz   113
Das Ende des Lagers und die Befreiung im Januar 1945   115

VI.
Die juristische Aufarbeitung der Verbrechen   124
Die Prozesse vor Gerichten der Alliierten   124
Die Prozesse in Polen   127
Der Frankfurter Auschwitz-Prozess 1963–1965   131

Literatur und Materialien   140

Was bedeutet Auschwitz heute für uns?

Auschwitz verkörpert mehr als jeder andere Ort in Europa alle Verbrechen, die Hitler-Deutschland begangen hat: die Versklavung von Menschen und Nationen, Deportationen, Zwangsarbeit, Prügel, Folter, Demütigung, Hunger und natürlich die Vernichtung von Juden und Zigeunern. Im Laufe der Jahre ist es zu dem Ort geworden, der all diese Verbrechen kristallisiert.

Auschwitz war in diesem Sinne ein Kulminationspunkt des jahrhundertealten Antisemitismus in Deutschland und anderen europäischen Ländern. Wurde dieser Antisemitismus anfangs vor allem religiös legitimiert, verband er sich später mit einer »Sündenbock«-Vorstellung, die ebenfalls die Gruppe der Sinti und Roma erfasste. Beiden Gruppen wurden alle nur erdenklichen Schlechtigkeiten unterstellt, die nur durch Ausrottung beseitigt werden könnten. Seit Ende des 19. Jahrhunderts wurde dieser religiöse Antisemitismus rassistisch unterfüttert und steigerte sich von »Die Juden sind unser Unglück« zur öffentlich propagierten Vernichtung von jüdischen Menschen, Sinti und Roma und allen anderen, die als »Untermenschen« nicht in die nazistische »Volksgemeinschaft« passten. Doch Auschwitz ist nicht nur ein ideologischer Kulminationspunkt dieses Rassismus, sondern wurde grausame Realität der rassistisch begründeten Massenvernichtung.

Aber die negative evokative Kraft von Auschwitz geht über diese Fakten hinaus, so schrecklich sie auch sein mögen. Der Name Auschwitz hat etwas Universales in sich. Auschwitz ist zu einem sichtbaren Leuchtfeuer geworden, das die Verweigerung von Leben, Respekt und Toleranz verkörpert. Es richtet sich an jeden von uns und verpflichtet uns zur Selbstbeobachtung und zur Frage nach der menschlichen Natur. Es erinnert uns daran, dass Bildung und Kultur angesichts der Barbarei und des kriminellsten Verhaltens keine unüberwindlichen Bollwerke sind. Es erinnert uns daran, was gewöhnliche Menschen anderen gewöhnlichen Menschen antun können.

Die Überlebenden von Auschwitz und der anderen Lager und Haftstätten bildeten nach ihrer Heimkehr ein Netzwerk, um Kameraden in Not, den Witwen und Angehörigen zu helfen. Aber sie sprachen nicht über ihre Leidensgeschichte, weil die Menschen ihnen nicht glauben konnten. Es war so, dass ihre Erfahrungen über alle Vorstellungen hinausgingen. Paul Baeten, ein siebzehnjähriger belgischer Widerstandskämpfer, kein Jude, kehrte lebend aus dem Lager zurück. Zurück in der Schule berichtete er seinen Mitschülern, was er erlebt hatte. Seine Mutter forderte ihn auf, nicht weiter darüber zu berichten, weil man ihm nicht glaubte. Die Menschen hielten ihn für verrückt und er war in der Gefahr, eingewiesen zu werden. Wie könnten nun Menschen auf die Zeugenberichte von jüdischen Verfolgten reagieren, deren einzige Bestimmung es – im Blick der Faschisten – war, im Rauch der Verbrennungsöfen zu enden?

Als aber Anfang der 1970er Jahre Holocaust-Leugner ihre schreckliche Arbeit begannen und behaupteten, dass es niemals Nazi-Gaskammern gegeben habe, konnten die Überlebenden von Auschwitz nicht länger schweigen. Sie begannen, Zeugnis abzulegen über ihre Erlebnisse in den Lagern und schufen unter anderem die Auschwitz-Stiftung, ein wissenschaftliches Zentrum für die Erforschung und Dokumentation von Völkermord und Massenverbrechen. Die Ergebnisse dieser Arbeit sind wichtig und beeindruckend. Sie führen dazu, dass sich immer mehr Menschen mit der Geschichte des Holocaust und der faschistischen Vernichtungslager beschäftigen.

Die Standorte Auschwitz und Birkenau haben in den letzten Jahren einen exponentiellen Anstieg der Besucherzahlen verzeichnet. Sie ziehen heute mehr als zwei Millionen Besucher pro Jahr an und sind damit eines der meistbesuchten Reiseziele in Europa. Die Tatsache, dass es so viel Interesse weckt, ist sicherlich positiv, wirft aber viele Fragen auf. Was tun die Tausenden von Besuchern, die täglich unter dem Torbogen mit der Aufschrift »Arbeit macht frei« hindurchgehen, in engen Reihen durch die Kaserne marschieren oder vor den Trümmern der Krematorien in Birkenau stehen bleiben – vor nicht allzu langer Zeit wurden die meisten Menschen, die dorthin kamen, von Überlebenden begleitet, die Zeugnis ablegen konnten, was sie dort erlebt hatten. Diese Zeiten sind fast vorbei und bald werden nur noch die Orte als Zeugen übrig bleiben. Das Nationalmuseum Auschwitz-Birkenau ist nun mit diesen beiden unmittelbaren Realitäten konfrontiert: dem Ende der »Zeitzeugen-Zeit« und der Tatsache, dass Auschwitz inzwischen zu einem Ziel des Massentourismus geworden ist.

Die Debatten über diese entscheidenden Themen sind endlos. Um Auschwitz zu respektieren, sollten wir aufhören, dorthin zu gehen? Ist die Menge besser, als das Vergessen zu riskieren? Wie kann die heilige Dimension unter den gegenwärtigen Bedingungen erhalten werden? Wir müssen Antworten auf diese Fragen finden, diesen Tausenden von täglichen Besuchen einen Sinn geben. Bei der Stiftung Auschwitz steht bei der von uns jährlich organisierten Reise die intensive Arbeit im Vordergrund. Wir bereiten die von uns begleiteten Gruppen vor und versuchen, so viele Elemente des Kontextes wie möglich aufzuzeigen und Räume für den Dialog anzubieten. Aber ist dieses Modell in großem Maßstab reproduzierbar?

Die Natur und Funktion von Auschwitz sind heute unklarer geworden. Ist es eine Gedenkstätte, eine historische Stätte, ein Museum oder ein Friedhof? Weil seine Identität vielfältig ist, ist es so schwierig, einen Konsens darüber zu finden, was es auch zukünftig sein soll. Darf das, was dort während des Krieges geschah, all diese schlimmen Lebenserfahrungen und zerstörten Familien, zu einer Konkurrenz des Gedenkens zwischen nationalen, politischen oder religiösen Perspektiven gemacht werden? Steht das nicht im völligen Widerspruch zu dem, was der Ort bedeutet?

Als Dachau im April 1945 befreit wurde, war die Journalistin Martha Gellhorn gemeinsam mit den amerikanischen Truppen anwesend. Erschrocken über das, was sie sah, schrieb sie einen eindrucksvollen, sehr menschlichen Text, in dem sie zu dem Schluss kam: »Denn dieser Krieg wurde sicherlich geführt, um Dachau und alle anderen Orte wie Dachau und alles, was Dachau repräsentiert, abzuschaffen und für immer abzuschaffen.« Ist das nicht der Zweck aller Gedächtnisarbeit im Nazi-Konzentrationslager-Universum? Sie hätte die gleichen Worte verwenden können, wenn sie in Sachsenhausen, Bergen-Belsen, Mauthausen, Dora, Groß-Rosen ... und natürlich in Auschwitz gewesen wäre, wo Sklavenarbeit und wahrscheinlicher Tod im Lager oder in der damit verbundenen industriellen Infrastruktur mit dem sicheren und sofortigen Tod in den Gaskammern vermischt wurden. Wegen dieser Einzigartigkeit, der Tatsache, dass Auschwitz sowohl ein Konzentrationslager als auch ein Vernichtungslager war, verkörpert es die Verbrechen der Nazis in einem solchen Ausmaß. Diese haben eine literarische und wissenschaftliche Produktion hervorgebracht, die nur wenige Äquivalente auf der Welt findet. Aber am Ende führen alle Schriften, alle Arbeiten, alle Forschungen zu Auschwitz und Nazismus unwiderruflich zu einer einzigen wichtigen Frage: Wie konnten so viele Leben in diesem Ausbruch von Gewalt enden?

Der Philosoph Theodor W. Adorno formulierte Mitte der 1960er Jahre als Reaktion auf diese Debatte in seinem Aufsatz »Erziehung nach Auschwitz« seinen berühmten pädagogischen Imperativ: »Die Forderung, dass Auschwitz nicht noch einmal sei, ist die allererste an Erziehung. Sie geht so sehr jeglicher anderen voran, dass ich weder glaube, sie begründen zu müssen noch zu sollen. Ich kann nicht verstehen, dass man mit ihr bis heute so wenig sich abgegeben hat. Sie zu begründen hätte etwas Ungeheuerliches angesichts des Ungeheuerlichen, das sich zutrug.«

Er formulierte diese Aussage vor dem Hintergrund der Berichte über den Frankfurter Auschwitz-Prozess von 1963 bis 1965. Doch wie kann ein solcher Anspruch Wirklichkeit werden, wenn die gesellschaftliche Erinnerung verblasst? Und daher gilt es immer wieder neu darüber nachzudenken, wie dieser Anspruch mit Leben erfüllt werden kann.

Über die Erinnerungsarbeit hinaus zwingt uns Auschwitz zu philosophischen und anthropologischen Reflexionen. Unter dem, was wesentlich ist und mit den jüngeren Generationen weiterentwickelt werden muss, gibt es das grundlegende Bewusstsein für Verantwortung. Dazu müssen wir über manichäische Erzählungen und Archetypen hinausgehen und die Natur des Menschen in Frage stellen. Die schematische Aufteilung der Hölle im Konzentrationslager zwischen menschlichen Opfern und unmenschlichen Henkern lässt uns nicht verstehen und beschreiben, was wirklich passiert ist. Schlimmer noch, es verhindert jede reflexive Arbeit. Wir wissen, was einige Häftlinge anderen Häftlingen angetan haben. Es ist auch bekannt, dass die SS-Leute, die zu den schlimmsten Taten im Lager fähig waren, liebevolle Ehemänner und Väter sein konnten. Was ist Normalität, Passivität, Unterwerfung, Mut, Gehorsam, Nützlichkeit usw.? Primo Levi stellte diese Fragen in einem Satz: »Es gibt Monster, aber sie sind zu wenige, um wirklich gefährlich zu sein; die gefährlicheren sind gewöhnliche Menschen«. Wir haben es hier mit universellen und zeitlosen Problemen zu tun, die direkt angegangen werden müssen. Die Frage ist, wie.

Henri Goldberg,
Fondation Auschwitz, Brüssel

I.
Der deutsche Überfall auf Polen und die Gründung des KZ Auschwitz

Auschwitz steht heute weltweit als Symbol für das – neben der Entfesselung des Zweiten Weltkriegs und dem Vernichtungskrieg in den besetzten Gebieten der Sowjetunion – schlimmste Verbrechen des deutschen Faschismus, nämlich die industrielle Massenvernichtung von Menschen, deren Fehler für ihn darin bestand, nicht in seine Rassenvorstellung oder seine Weltherrschaftspläne zu passen. In Auschwitz wurden über eine Million Menschen getötet, weil sie Juden, Sinti und Roma, Slawen, sowjetische Kriegsgefangene, politische Gegner oder wegen ihrer sexuellen Orientierung aus der »Volksgemeinschaft« ausgegrenzt waren. Dabei war dieses Konzentrationslager im Süden Polens in seinen Anfängen 1940 noch nicht mit der Massenvernichtung verbunden, sondern zunächst eine Konsequenz des deutschen Überfalls auf Polen am 1. September 1939, der faschistischen Besatzungspolitik und der expansionistischen Pläne einer faschistischen »Neuordnung der Welt«.

Zu diesen Neuordnungsplänen gehörte die Germanisierung des nördlichen Territoriums Polens, des sogenannten »Warthegaus«. Dieser Gau sollte zu einer NS-Musterregion ausgebaut werden. Hierfür wurden polnische Bewohner vertrieben und Angehörige der deutschsprachigen Minderheit, sogenannte Volksdeutsche, mit ihren Familien in den geräumten Häusern, Dörfern und Höfen angesiedelt. Gleichzeitig wurde von der Infrastruktur bis zur kulturellen und religiösen Betätigung das Modell einer faschistischen »Volksgemeinschaft« aufgebaut.

Andere Gebiete, wie die Region um Kraków mit dem Ort Oświęcim, wurden als Teil Schlesiens dem Deutschen Reich angeschlossen. In diesem Kontext wurden alle Städtenamen germanisiert, und aus Oświęcim wurde Auschwitz. Zugleich wurde ein

Terrorapparat errichtet, der jeglichen Widerstand der polnischen Bevölkerung im Keim ersticken sollte.

Der politische Terror hatte bereits mit dem Vorrücken der deutschen Wehrmacht in Polen Einzug gehalten. Mit der militärischen Besetzung wurden Widerstandskämpfer, Intellektuelle und Geistliche verhaftet und in deutsche Konzentrationslager verschleppt. Ziel war es nicht nur, die militärische Lage zu stabilisieren, sondern jedes Widerstandspotenzial auszuschalten. Die deutschen Besatzer wussten, dass während der Nichtexistenz eines eigenständigen polnischen Staates in den Jahrhunderten nach der letzten polnischen Teilung die katholische Kirche und die Intellektuellen zur Fortexistenz eines polnischen Nationalbewusstseins beigetragen hatten. Desgleichen wollte die deutsche Besatzungspolitik verhindern.

Polen, die sich – ohne Teil der regulären Armee zu sein – der deutschen Besatzung auch bewaffnet entgegenstellten, wurden nicht als Kriegsgefangene, sondern als »Heckenschützen« verhaftet und nicht wenige von ihnen in deutschen KZ bestialisch ermordet. Ein bekanntes Beispiel ist das »Polen-Sonderlager« im KZ Buchenwald, das im Herbst 1939 errichtet wurde. In fünf großen Zelten, umgeben von einem doppelten, hohen Stacheldrahtzaun, wurden über 5000 polnische Häftlinge während der Wintermonate eingesperrt. Etwa 1650 Häftlinge starben an Hunger, Kälte und Seuchen. 123 Häftlinge, zu »Heckenschützen« erklärt, trieb man wie Tiere in einen Stacheldrahtkäfig ohne Zeltdach, den die SS zynisch »Rosengarten« nannte. Innerhalb von zwölf Tagen erfroren oder verhungerten sie. Im Februar 1940 wurde das Schreckenslager aufgelöst, weil von ihm eine Seuchengefahr ausging, die das gesamte Lager bedrohte. Auch in Sachsenhausen und in Dachau, wo die meisten polnischen Priester eingesperrt wurden, gab es Sonderbereiche für polnische Häftlinge.

Ursprünglich sollten alle politischen Gefangenen in Haftstätten und Konzentrationslagern im Deutschen Reich untergebracht werden. Da jedoch der Transport von Häftlingen aus Polen in das

Deutsche Reich mit erheblichem Aufwand verbunden war, entschied die Reichsregierung, in den früheren polnischen Gebieten selber Haftstätten und ein Konzentrationslager zu errichten sowie gleichzeitig polnische Bewohner umzusiedeln.

Am 1. Februar 1940 erhielt der SS-Standartenführer Richard Glücks, damals Inspekteur der Konzentrationslager, von Reichsführer SS Heinrich Himmler den Auftrag, im südöstlichen Teil des Deutschen Reiches und in den besetzten Ostgebieten geeignete Einrichtungen, z. B. Gefängnisse, Kasernen und Lager, auf ihre Verwendungsmöglichkeiten als Konzentrationslager zu prüfen. Schon in dieser Anordnung wurde der Ort Auschwitz erwähnt. Glücks und der spätere Lagerkommandant SS-Obersturmbannführer Rudolf Höß kamen nach einem längeren Prozess zu dem Ergebnis, dass der ehemalige polnische Kasernenkomplex Oświęcim/Auschwitz als Lager geeignet sei. Am 17./18. April 1940 wurde der Komplex von einer Kommission im Auftrag der Inspektion der Konzentrationslager unter Leitung von Höß in Augenschein genommen. Als Ergebnis dieser Besichtigung ordnete Himmler am 27. April 1940 den Bau eines Konzentrationslagers für 10.000 Häftlinge an. Am 4. Mai 1940 wurde Rudolf Höß offiziell zum Lagerkommandanten ernannt.

Zu den Gründen für Himmlers Entscheidung gehörte die verkehrstechnische Anbindung der kleinen Ortschaft. Oświęcim lag an der Bahnlinie Wien – Kraków, die noch aus der Vorkriegszeit stammte. Dieser Bahnanschluss ermöglichte einen schnellen Transport von Häftlingen in das Lager und vereinfachte später die Deportation von Juden aus vielen Gebieten Europas nach Auschwitz. Als weiterer Grund wurde die relativ dünne Besiedlung der Umgebung mit ihren Flussläufen Soła und Wisła angeführt, die ein natürliches Näherungs- und Fluchthindernis darstellten. Dies erleichterte die weiträumige Bewachung einer so groß geplanten Anlage. Höß schrieb dazu Glücks: »Die Bevölkerung des Ortes ist fanatisch polnisch und, wie durch V-Männer in Erfahrung gebracht wurde, zu jedem Vorgehen gegen die verhasste Bewachungsmannschaft bereit. Auch hat jeder Häftling, dem die Flucht gelingt, alle Hilfe zu erwarten, sobald er das nächste polnische Gehöft erreicht hat.« (Auschwitz, 1978, S. 20) In einer frühen Dokumentation zu Auschwitz wurden zudem die unwirtlichen Bedingungen (schlechte Wasserqualität, morastiger Boden) als Auswahlgrund genannt, da so die Lebensverhältnisse für die Häftlinge zusätzlich erschwert worden seien.

Die Konsequenz der Errichtung des KZ Auschwitz war eine systematische Vertreibung der ansässigen polnischen Bevölkerung auf einem Gebiet von etwa 40 km², das als »Interessensgebiet des Lagers« bezeichnet wurde. Die Zwangsaussiedlungen begannen Mitte Mai 1940. Im Verlauf der Aktion wurden 500 Einwohner verhaftet, von denen 250 zur Zwangsarbeit ins Deutsche Reich verschleppt wurden. In weiteren Umsiedlungen im Jahr 1940 wurden Häuser und Wohnungen für SS-Offiziere und deren Familien geräumt und beschlagnahmt, sodass in der unmittelbaren Umgebung des Lagers ein eigener SS-Wohnbereich entstand.

In heutigen Forschungen wird darauf hingewiesen, dass der gesamte Ort durch den Aufbau des Lagers in ein großräumiges faschistisches Besiedlungskonzept der Region integriert war. (vgl. Steinbacher, Auschwitz, S. 51 ff.) Zu diesen Überlegungen gehörte auch die Schaffung eines SS-Gutsbezirks rund um das Lager, wo Versuche zur Pflanzen- sowie zur Tier- und Fischzucht betrieben werden sollten.

Die Anfänge des Lagers Auschwitz

Der bauliche Grundstock des Konzentrationslagers war eine ehemalige polnische Artilleriekaserne, die erst in den 1920er Jahren erbaut worden und relativ gut erhalten war. Sie bildete das eigentliche Stammlager oder auch KL Auschwitz I genannt, wobei zahlreiche Kasernengebäude der Verwaltung des

KZ-Komplexes dienten. Zur organisatorischen Vorbereitung des Aufbaus traf am 20. Mai 1940 SS-Scharführer Gerhard Palitzsch mit einer Gruppe von dreißig Funktionshäftlingen aus dem KZ Sachsenhausen, die meisten von ihnen waren kriminelle Häftlinge (»grüne Winkel«-Träger), als Vorauskommando in Auschwitz ein. Diese Häftlinge wurden von der SS als Vorarbeiter, als Blockälteste oder in der inneren Organisation des neu aufzubauenden Lagers eingesetzt.

Nachdem mit weiteren Vorauskommandos das Lager bereit gemacht worden war, kamen am 14. Juni 1940 die ersten 728 polnischen politischen Häftlinge im neu errichteten Lager an. Das gilt gemeinhin als Gründungsdatum des KZ Auschwitz.

Mit der Ankunft dieser Häftlingsgruppe wurde auch die SS um weitere 100 Personen verstärkt, die die Organisation, Verwaltung und Bewachung zu übernehmen hatten.

Das KZ Auschwitz bestand in den ersten Monaten (bis 1. März 1941) – ausgehend von der vorhandenen Bausubstanz der Kaserne – aus 20 Steinbauten, davon 14 Parterregebäude und sechs mehrgeschossige Häuser, in denen bis zu 10.900 Häftlinge, hauptsächlich Polen, untergebracht waren. Es gehörte in der Systematik der SS noch zu den Lagern der »Stufe I« für »wenig belastete und unbedingt besserungsfähige Schutzhäftlinge«. Geplant war aber von Anfang an auch ein Lager der Stufe II für »schwerer belastete, jedoch noch erziehungs- und besserungsfähige Häftlinge«.

Nach Auschwitz kamen Häftlinge zumeist aus anderen KZ, Gefängnissen, Durchgangslagern oder Ghettos. In einer frühen Dokumentation findet sich ein eindrucksvoller Bericht über einen Transport vom August 1940 aus Warschau nach Auschwitz:

»Am 15. August 1940 früh morgens wurde in Warszawa ein Transport in Güterwagen eingeladen. Es war ein sehr heißer Tag. Die Güterwagen waren dicht verschlossen und alle, auch die kleinsten Öffnungen, verstopft und vernagelt. Eng zusammengepfercht, zerschlagen und halb erstickt warteten die Häftlinge in der Hitze viele Stunden auf die Abfahrt. Kein Tropfen Wasser. In den Waggons befand sich überhaupt nichts. Schon an diesem ersten Tag waren die Häftlinge halb ohnmächtig von der unerträglichen Hitze und vor Durst. Sie hatten Brot ... Aber keinen Tropfen Wasser. Ebenso kein bisschen frische Luft, keinen Luftzug.

Nach zehn bis zwölf Stunden Wartezeit setzte sich der Zug endlich in Bewegung. ...

Im Waggon war die Luft erstickend von den zusammengedrängten schweißigen Körpern. Aus Mangel an irgendeinem anderen Gefäß verrichteten die Leute ihre Notdurft einfach auf den Fußböden des Waggons. ...

Über tausendsiebenhundert transportierte Menschen waren durch die letzten Erlebnisse, durch Mangel an Schlaf und die ungeheuerlichen Verhältnisse der Fahrt vollkommen ausgepumpt. Die schlechte Luft im Waggon, verunreinigt, so dass sie fast dick war, wirkte erstickend. Die Kühle der Nacht verminderte zwar den Durst, löschte ihn aber nicht. Mit Resignation wartete man, was weiter kommen wird.

Plötzlich, inmitten der uns umgebenden Stille, ließen sich Stimmen und Schritte hören, die sich uns schnell näherten und auch bis zu unserem Waggon kamen. ... Bevor wir im Stande waren, uns etwas in der Lage zurechtzufinden, wurden die Waggontüren mit Krach aufgeriegelt und geöffnet. Es zeigten sich SS-Männer, die mit unmenschlichem Geschrei und ordinären Flüchen den Befehl gaben, die Waggons zu verlassen. ... Halb angezogen, so wie jeder stand, und das, was sich am nächsten befand, ergreifend sprangen alle auf den Bahnsteig. Kleidungsstücke sowie eigene Sachen ... blieben zurück. Noch im Sprung, bevor er mit den Beinen den Boden berührte, erhielt jeder Schläge mit der Faust, mit einem Knüppel, mit dem Kolben, mit dem Gewehr oder mit dem Stiefel. Viele fielen sofort zu Boden … Diejenigen, die nicht umfielen oder die sich schnell wieder vom Boden erheben konnten, wurden im Laufschritt zu Reihen getrieben, die auf dem nahegelegenen Weg formiert wurden. Die Kolonne wurde in Zehnerreihen aufgestellt.« (zit. nach Jan Sehn, Konzentrationslager Oswiecim-Brzezinka, 1957, S. 29 ff.)

Solche Erlebnisse konnten nicht ohne gravierende Auswirkungen auf den gesundheitlichen und psychischen Zustand der Häftlinge bleiben. Viele von ihnen waren zudem zusätzlich zu den Quälereien und Anstrengungen der mehrtägigen Transporte durch längere Einzelhaft und Folter in den Zellen der Gestapo enorm geschwächt. Dies schlug sich dann auch in der Arbeitsleistung der Häftlingsarbeitskommandos nieder, die im Auftrag der SS innerhalb und außerhalb des Lagers eingesetzt waren. Sie erreichten nur selten die vorgegebenen Normen. Auch Strafen und Verschärfungen der Haftbedingungen änderten daran nichts, weil die Menschen bereits an der Grenze ihrer Möglichkeiten angekommen waren.

Die Aufnahme in das Lager

Die Aufnahme im Lager lief nach einem bestimmten Ritual ab, das sich erst bei der Ankunft der Massendeportationen in Auschwitz-Birkenau etwas veränderte. Grundsätzlich folgte es immer dem gleichen Muster.

Die im Stammlager Auschwitz ankommenden Häftlinge wurden mit der zynischen Losung »Arbeit macht frei«, die in schmiedeeisernen Buchstaben über dem Haupttor angebracht war, begrüßt. Überlebende von Auschwitz-Monowitz, wie der Schriftsteller Primo Levi, erklären, dass sie diesen Spruch auch dort gesehen haben. Er stammte ursprünglich aus dem KZ Dachau, und schon 1936 ließ ihn dessen damaliger Kommandant, der SS-Obergruppenführer Theodor Eicke, im Eingangstor anbringen. Als Motto hat sich dieses zynische Motto allen ankommenden Häftlingen in Auschwitz eingeprägt.

Nach dem Eintreffen im Lagerkomplex mussten die Neuankommenden alle persönlichen Sachen, Zivilkleidung, Wäsche, Wertgegenstände, Papiere und sonstige Dinge abgeben. Da auch die am Körper getragene Kleidung abzugeben war, mussten sich die Neuankommenden in Auschwitz I auf dem Hof zwischen den Blocks nackt ausziehen. Alles persönliche Eigentum wurde in Papiersäcken in der »Effektenkammer«, später im Vernichtungslager Auschwitz-Birkenau in dem Block »Kanada II« eingelagert. Quittungen über die eingezogenen Gegenstände erhielten die Häftlinge selbstverständlich nicht.

Anschließend mussten Häftlingsfriseure alle Körperhaare der neu Angekommenen entfernen, die ausrasierten Stellen wurden mit einem Desinfektionslappen abgewaschen. Dann wurden die Häftlinge in die Duschräume gescheucht, wo die SS und ihre Helfer oftmals die Wassertemperatur so kalt oder heiß einstellten, dass selbst das Duschen zu einer Quälerei wurde.

Selbst beim Eintreffen weiblicher Häftlinge blieben die SS-Männer bewusst in den Duschen, ohne die mindeste Rücksichtnahme auf die Scham der Frauen. Esther Bejarano erinnert sich an dieses Empfangsritual:

> »Alle mussten sich vollständig entkleiden. Die SS-Männer blieben dabei, als die Frauen sich auszogen, und amüsierten sich köstlich, während viele der Frauen vor Scham anfingen zu heulen. Nackt wurden ihnen die Haare geschoren. Wir wurden dadurch so sehr entstellt, dass wir manche gar nicht wiedererkannten. Dann mussten alle unter eine kalte Dusche und hinterher in einen Heißluftraum, wo sie getrocknet wurden. Dort hatten wir das Gefühl zu ersticken.« (Bejarano, Wir leben trotzdem, S. 79)

Anschließend wurde die Lagerkleidung ausgegeben, die die Häftlinge auf Dauer zu tragen hatten. In den Anfangsjahren handelte es sich um die gestreifte KZ-Kleidung, auf der die Häftlingsnummer und der Winkel angebracht waren. Mit dieser Bekleidung waren die Häftlinge gekennzeichnet, wodurch Fluchtaktionen erschwert werden sollten. Mit dem Eintreffen immer zahlreicherer Häftlinge und angesichts zunehmender Rohstoffknappheit kam man mit der Produktion dieser Kleidung nicht hinterher. Nun wurden nicht nur zerschlissene und unvollständige Kleidungsstücke ausgegeben, sondern auch – aus den Beständen früherer Transporte stammende – benutzte Zivilkleidung.

Danach begann die Registrierung, bei der die Personalien, die Staats- oder Volkszugehörigkeit der Häftlinge sowie der Grund der Einweisung in das KZ vermerkt wurden. Auf den Häftlingskarten wurden auch das Symbol der Gefangenenkategorie und die Häftlingsnummer notiert.

Die Häftlingsnummer trugen die Gefangenen auf der Häftlingskleidung und – ab Herbst 1941 alle Neuankommenden ebenso wie die bereits Registrierten – als untilgbares Zeichen eintätowiert auf dem linken Oberarm. Diese Tätowierung erhielten alle Häftlinge vom Kleinkind bis zum Greis. Bei kleinen Kindern, deren Arme zu schmächtig waren, wurde die Nummer in den Oberschenkel tätowiert.

Diese Markierung war eine Besonderheit von Auschwitz. Mit ihr sollte es angesichts der erwarteten großen Zahl von Häftlingen möglich sein, die betreffende Person bei ihrem Tod schneller zu identifizieren. Außerdem sollte damit verhindert werden, dass Häftlinge, die nach einer eventuellen Flucht an zivile Kleidung gelangt waren, unerkennbar in der polnischen Gesellschaft untertauchen konnten.

Ein nur in Auschwitz eingesetztes Mittel zur Registrierung der Häftlinge waren erkennungsdienstliche Fotos. Sie wurden in drei Positionen aufgenommen, im Profil, frontal und als

Halbprofil. Das Profilbild wurde durch die Häftlingsnummer ergänzt. Weil mit der individuellen fotografischen Erfassung erst Anfang 1941 begonnen wurde, mussten in den ersten Wochen alle Häftlinge, die bis dahin bereits angekommen waren, in Gruppen fotografiert werden. Später wurden diese Aufnahmen bei der Registrierung der Transporte gemacht. Da jedoch das kostbare Fotomaterial in Auschwitz knapp wurde, beschränkte man sich ab 1943 vorrangig auf das Fotografieren deutscher Häftlinge. Diese erkennungsdienstliche Arbeit war Aufgabe der politischen Abteilung in Auschwitz. Im Archiv der Gedenkstätte Auschwitz befinden sich heute noch knapp 39.000 solcher Aufnahmen.

Die Erweiterung des Lagers

Am 1. März 1941 kam Heinrich Himmler mit einer größeren Abordnung des Reichssicherheitshauptamtes (RSHA) zur Inspektion nach Auschwitz. Dieser Besuch wurde für den Auf- und Ausbau des KZ Auschwitz. Himmler legte die neue Dimension des Lagers fest: Das Stammlager sollte auf eine Kapazität von 30.000 Häftlingen ausgebaut und im Gebiet des Dorfes Brzezinka (Birkenau) sollte ein Lager für 100.000 Kriegsgefangene errichtet werden. Ferner sollten den IG Farben zum Aufbau von Rüstungsproduktionsstätten in Dwory etwa 10.000 Häftlinge als Arbeitskräfte geliefert werden. Außerdem sollten im Umfeld der Lager verschiedene Rüstungsbetriebe errichtet werden, da die SS bei der Versorgung der Wehrmacht mit Waffen und Munition einen wichtigen Platz einzunehmen gedachte.

Die Vorgaben Himmlers wurden zwar von der politischen Führung wenige Tage später abgesegnet, aber die Umsetzung war mit größeren Anstrengungen verbunden, die sich über mehrere Jahre hinziehen sollten. Obwohl der Bau und die Erweiterung des KZ Auschwitz im Frühjahr 1941 bereits beschlossen worden waren, verzögerten sie sich aufgrund administrativer und technischer Probleme sowie fehlender Arbeitskräfte. Im Oktober 1941 überstellte die Wehrmacht 10.000 sowjetische Kriegsgefangene in das Stammlager Auschwitz, die als Baukolonne im drei Kilometer entfernten Brzezinka das Lager für 100.000 Kriegsgefangene errichten sollten. Nun erst konnte mit dem Bau dieses neuen Lagerbereichs begonnen werden.

Die im Dorf Brzezinka verbliebenen polnischen Einwohner wurden, wie schon bei der Errichtung des Stammlagers in Auschwitz, aus ihren Häusern vertrieben und teilweise als Zwangsarbeiter deportiert. Die Baupläne stammten von der Amtsgruppe C des SS-Wirtschafts-Verwaltungshauptamtes (WVHA). Da man für Auschwitz bereits neue Aufgaben im Blick hatte, war die Kapazität dieses Lagers gegenüber der von Himmler ursprünglich genannten Zahl von 100.000 Häftlingen verdoppelt worden. Auschwitz-Birkenau sollte mit etwa 600 Baracken Platz für 200.000 Häftlinge bieten. Zur Organisation des riesigen Areals wurden durch Zäune und Wege voneinander abgetrennte Bereiche geschaffen, die verwaltungsmäßig mit Buchstaben und römischen Zahlen gekennzeichnet waren.

Im Laufe der Zeit entstanden auf dem Gebiet von Birkenau mehrere Lagerbereiche, die im Lagerjargon folgendermaßen bezeichnet wurden:

- das Quarantänelager, ein Bereich für die Aufnahme aller Neuankömmlinge, die als Häftlinge registriert werden sollten,
- das Frauenlager, das sich ab August 1942 im Bereich B Ia befand,
- das Männerlager, das ursprünglich für die sowjetischen Kriegsgefangenen genutzt worden war,
- das Effektenlager, das zynisch »Kanada« genannt wurde, da dieses Land in den 30er Jahren als Ziel vieler Ausreisewilligen galt, in dem das Eigentum der eingelieferten Häftlinge im Sinne der SS verwahrt wurde,

- der Häftlingskrankenbau, eine Einrichtung zur medizinischen Notversorgung, in der Häftlingsärzte und Häftlingspfleger im Rahmen ihrer Möglichkeiten Hilfe leisteten.

Zusätzlich wurden ab 1943 noch drei größere Lagerabschnitte eingerichtet bzw. abgegrenzt, die für die Aufnahme besonderer Häftlingsgruppen vorgesehen waren, nämlich:

- das »Zigeunerlager«, das vom Frühjahr 1943 bis August 1944 die zur Vernichtung nach Auschwitz deportierten Familien von Sinti und Roma aus Deutschland und den besetzten Gebieten aufnahm,
- das Theresienstädter Familienlager, in das seit Herbst 1943 Deportierte aus dem Ghetto Theresienstadt/Terezin eingeliefert wurden, und
- das Lager »Mexiko« (Bauabschnitt III), das ab Mai 1944 als Lager für die nach Auschwitz deportierten ungarischen Juden genutzt wurde.

Parallel zum Ausbau des Lagers Auschwitz-Birkenau vollzog sich in Abstimmung mit dem eigentlichen Auftraggeber, der IG Farbenindustrie AG, gleichzeitig der Aufbau der Buna-Fabrik in Monowitz (vgl. Kapitel IV).

II.
Der Lagerkomplex Auschwitz, Häftlingsgruppen und Funktionswandel

Die Administration des Lagerkomplexes Auschwitz

Verwaltung des Lagers durch die SS

Wie im gesamten faschistischen Staatsaufbau unterlagen auch die Konzentrations- und Vernichtungslager einer einheitlichen Verwaltungsstruktur. Aus heutiger Perspektive und mit dem Wissen um die Monstrosität der Massenvernichtung, in der der einzelne Häftling überhaupt nichts zählte, überrascht es schon, welchen bürokratischen Aufwand die Nazis in die Errichtung und den Betrieb des Lagersystems steckten.

Das KL Auschwitz umfasste – wie die anderen deutschen Konzentrationslager – fünf Abteilungen: Kommandantur, Politische Abteilung, Schutzhaftlagerführung, Verwaltung und Standortarzt. Später kam noch die eigenständige Abteilung »Arbeitseinsatzführung« hinzu, die die Zwangsarbeit und die Koordination von Arbeitskommandos zu verantworten hatte.

Oberster Chef war der Lagerkommandant. Über seine Kompetenzen heißt es: »Ihm unterstanden alle SS-Angehörigen der Besatzung des Konzentrationslagers; er war für alle Angehörigen des von ihm kommandierten Konzentrationslagers und dessen Funktionen verantwortlich. Ab 1942 war der Lagerkommandant auch Betriebsdirektor der SS-eigenen Wirtschaftsunternehmen und deren Zweigstellen im Lagerbereich.« (Auschwitz, Vernichtungslager, 1997, S. 64)

Erster Lagerkommandant war SS-Obersturmbannführer Rudolf Höß, im November 1943 folgte ihm SS-Obersturmbannführer Arthur Liebehenschel, vom Mai 1944 bis zum Januar 1945 besetzte SS-Sturmbannführer Richard Baer diese Funktion.

Auch wenn die Politische Abteilung Teil des SS-Systems war, hatten zumeist Angehörige der Gestapo oder der Kriminalpolizei die entsprechenden Funktionen in den Lagern inne. Diese Abteilung war zuständig für die Personalakten der Häftlinge, sobald sie im Lager offiziell registriert wurden. Sie war zuständig für die Einweisung und die Entlassung, aber auch die Verlegung in andere Haftstätten. In dieser Abteilung wurden die »Verstorbenenkartei« geführt und »Sterbebücher« (im Sinne eines Standesamtes) angelegt. Die politische Abteilung war auch dafür zuständig, Häftlinge, deren Aussagen in politischen Prozessen oder anderen Verfahren benötigt wurden, im Lager zu verhören. Solche Verhöre verliefen mit Folter und Schlägen »bis zur Aussage«, wobei viele Verhörte diese Torturen nicht überlebten. Die politische Abteilung sollte alle Formen von Häftlingswiderstand im Keim unterbinden. Dazu schufen die Gestapo und SS-Leute zusätzlich zu den menschenunwürdigen Lebensbedingungen ein Terrorregiment, dem hunderte Häftlinge zum Opfer fielen. Einer der berüchtigtsten Henker dieser Abteilung war SS-Oberscharführer Wilhelm Boger, der 1963 im Frankfurter Auschwitz-Prozess angeklagt war.

Für das eigentliche »Funktionieren« des Lagers war die Schutzhaftlagerführung zuständig. Ihr oblagen die Überwachung von Disziplin und Ordnung sowie die Kontrolle aller Maßnahmen zur Unterbringung und Verpflegung der Häftlinge, die Sammlung von Strafmeldungen und die Umsetzung von Strafmaßnahmen, einschließlich von Exekutionen. Die Rapportführer waren verantwortlich für die »Stärkemeldungen«, insbesondere als der Lageraufbau durch die unterschiedlichen Funktionen des Lagers und die verschiedenen Häftlingsgruppen zunehmend komplexer wurde.

Die Abteilung »Verwaltung« spielte ebenfalls eine zentrale Rolle. Hierzu gehörten die Organisation der Bereiche »Verpflegung«, »Unterkunft«, »Bekleidung« (jeweils unterteilt für die SS und die Häftlinge) und »Gefangenen-Eigentumsverwaltung«. Der letzte Bereich verwertete das den Häftlingen geraubte Eigentum. Die Bilder der Berge von Schuhen, Brillen und Koffern, die bei der Befreiung des Lagers gefunden wurden, lassen erahnen, welche Werte diese »Verwaltung« im Sinne der Vorgaben des SS-Wirtschafts-Verwaltungshauptamtes bewegte.

Eine besondere Abteilung bildete der SS-Gesundheitsdienst. Vorgeblich ging es um die Gesundheit der SS-Angehörigen und die Gesundheitsversorgung von Häftlingen. Entsprechend dem Menschenbild der Nazis nutzten die SS-Ärzte in unvorstellbarer Art und Weise die entrechteten Häftlinge als »Menschenmaterial« für medizinische und pharmazeutische Experimente sowie für pseudowissenschaftliche Versuchsreihen. Wer Menschenversuche durchführen wollte, hatte in dieser Abteilung »kompetente Ansprechpartner«.

Einsatz von Funktionshäftlingen
zur Durchsetzung der SS-Herrschaft

Wie in allen anderen Konzentrationslagern setzte die SS zur Durchsetzung ihrer Macht und Befehle gegenüber den Häftlingen auch Funktionshäftlinge ein. Wie schon in der Anfangsphase, als die SS mit dreißig »Grüne Winkel«-Trägern des KZ Sachsenhausen den Aufbau vorbereitete, setzte die SS auch in den folgenden Jahren auf die Spaltung der Häftlingsgesellschaft. Insbesondere deutsche kriminelle Häftlinge, die als »befristete Vorbeugehäftlinge« (BVer, im Häftlingsjargon auch »Berufsverbrecher« genannt) eingekerkert waren, wurden von der SS zur Kontrolle der Mithäftlinge als Kapos (Vorarbeiter von Häftlingskommandos), als Blockälteste oder in anderen Funktionen eingesetzt. Nach Aussagen von Überlebenden haben sich viele von ihnen als willfährige Werkzeuge der SS missbrauchen lassen, sei es, weil ihnen Privilegien versprochen worden waren, sei es, dass sie ihr eigenes Überleben damit sichern wollten. Der ehemalige Auschwitz-Häftling Stanislaw Klodzinski:

»Die Funktionshäftlinge waren der verlängerte Arm der SS. Ihre übrigens durchaus erträgliche Existenz hing davon ab, ob sie die Befehle der SS exakt ausführten. Bar jeglicher moralischer Skrupel übertrafen sich diese Häftlinge gegenseitig in ihrer Dienstfertigkeit, der Denunziation usw. und potenzierten so noch die Atmosphäre des blutigen Terrors.« (Auschwitz-Hefte, Bd. 1, S. 234)

Und:

»Für die Mehrzahl der Auschwitz-Häftlinge waren die ›grünen‹ Funktionshäftlinge skrupellose Verbrecher, die die ihnen übertragenen Funktionen zu ihrem eigenen Vorteil ausnutzten und sich von primitiven Instinkten leiten ließen. Im Lageralltag bedeutete das unter anderem, dass sie hungernden Häftlingen die karg bemessenen Brotrationen stahlen und dass sie Häftlinge auf Anordnung der SS nicht nur grausam schikanierten und prügelten, sondern sie auch bestialisch töteten.« (Auschwitz, Vernichtungslager, 1997, S. 94)

Politischen Häftlingen gelang es in diesem Lager nur vereinzelt, die entsprechenden Funktionsstellen zu besetzen. Klodzinski verweist darauf, dass mit dem Ausbau des Lagers und der Zunahme von Arbeitskommandos die routinierten »grünen« Funktionshäftlinge nicht mehr ausreichten und einzelne Fachkräfte mit anderen Winkeln ihre Stellung festigen konnten und versuchten, »die abgestumpften und aller moralischen Prinzipien baren kriminellen Funktionshäftlinge zu verdrängen.« (Auschwitz-Hefte, S. 234) Unter den Kapos gab es ausgesprochene Sadisten, wie Häftlinge in ihren Erinnerungen immer wieder beschrieben:

»Die nächste schreckliche Arbeit war die Baustelle der Kläranlage. Das Gelände … war flach und sumpfig … der Hauptabwassergraben lag an der tiefsten Stelle. Es musste viele

Meter tief gegraben werden … und alles mit der Hand und im Wasser stehend. Die Menschen standen bis zum Gürtel, ja noch tiefer im eiskalten Wasser. Der Kapo war ein Sadist, der in diesem Loch jeden Tag viele Mithäftlinge erschlug und ertränkte. Manchmal bekam er Hilfskräfte aus einem anderen Kommando. Wer dazu bestimmt wurde, den befiel die nackte Angst. … Diesem Kapo konnte man sich nicht nähern. Ein Blick reichte, und wenn ihm etwas nicht gefiel, erschlug er dich ohne mit der Wimper zu zucken.« (Czeslaw Lyjak, in: Auschwitz-Hefte, Bd. 2, S. 142)

Kurt J. Goldstein berichtet, dass er – als er bei der Auflösung des Lagers Auschwitz in das KZ Buchenwald verschleppt wurde – dort zum ersten Mal Kapos und Funktionshäftlinge erlebte, die als politische Häftlinge sich für das Überleben aller einsetzten.

Die Häftlingsgesellschaft

Umfang und Zusammensetzung

Bis heute gibt es nur wenige gesicherte Informationen über die Zahl und die Nationalitäten der Häftlinge von Auschwitz. Das hat zum einen damit zu tun, dass vor der Befreiung des Lagers durch die Truppen der Roten Armee die SS und ihre Helfer den größten Teil der schriftlichen Dokumente der Lagerverwaltung verbrannten oder auf andere Weise vernichteten. Davon abgesehen waren die Unterlagen des Lagers ohnehin nicht vollständig, da der größte Teil der mit den Todestransporten in Auschwitz-Birkenau Ankommenden überhaupt nicht registriert, sondern direkt zur Vernichtung selektiert wurden. Dennoch bemühen sich Historiker und Geschichtskommissionen seit vielen Jahren, einen Überblick über die Häftlingsgesellschaft zu erstellen.

Der polnische Historiker Franciszek Piper hat aus verschiedenen vorliegenden Stärkemeldungen, die der Vernichtung entgangen sind, einen anschaulichen Überblick erarbeitet. Einige Zahlen sollen hier genannt werden:

Datum	Männer	Frauen	Gesamt
19.01.1942	11.632	–	11.632
04.01.1943	23.922	5.384	29.306
04.05.1943	35.133	18.781	53.914
20.01.1944	53.786	27.053	80.839
22.08.1944	65.934	39.234	105.168
15.01.1945	48.362	18.465	66.827

(Piper, Arbeitseinsatz, Tabelle 3)

Stärkemeldungen entstanden üblicherweise aus der Zusammenfassung aller Zahlen des Morgenappells. Sie zeigten den tagesaktuellen Bestand an Häftlingen, wie er für die Organisation des Lagers, die Verpflegung oder den Häftlingseinsatz von Bedeutung war. Sie dokumentieren nicht die Gesamtzahl der Häftlinge oder der Opfer. Dennoch verdeutlichen diese Zahlen ungefähr die Dimensionen des Lagers, wobei in ihnen ab Mitte 1943 das Lager Auschwitz-Birkenau und ab Anfang 1944 auch Auschwitz-Monowitz enthalten sind.

Nach dem jetzigen Kenntnisstand wurden im KZ Auschwitz Häftlinge aus mindestens dreißig verschiedenen Nationalitäten eingekerkert. Gesicherte Untersuchungen sprechen davon, dass mindestens 1,3 Millionen Menschen diesen Lagerkomplex durchleiden mussten. Zu den registrierten Häftlingen gehörten über 400.000 Menschen, davon waren etwa ein Drittel Frauen. Von Franciszek Piper wird diese Zahl folgendermaßen aufgeschlüsselt: »Sie setzt sich zusammen aus etwa 205 000 Juden, 130 000 bis 140 000 Polen, etwa 21 000 Zigeunern, ungefähr 12 000 sowjetischen Kriegsgefangenen und 25 000 Häftlingen anderer Nationalitäten wie Weißrussen, Russen, Ukrainer,

Tschechen, Jugoslawen, Deutschen, Österreichern und anderen.« (Auschwitz, Vernichtungslager, 1997, S. 283)

Diese Zahlen lassen sich auch daraus erschließen, dass in Auschwitz – im Unterschied zu anderen Konzentrationslagern – Häftlingsnummern fortlaufend vergeben und die Nummern verstorbener oder in andere Lager deportierter Häftlinge nicht weiter verwendet wurden.

Wie schon erwähnt, wurde das KZ Auschwitz zuerst für polnische politische Häftlinge eingerichtet. Die Kategorie »politischer Häftling« wurde dabei sehr weit gefasst und umfasste alle jene, die potenziell als Bedrohung für die faschistische Besatzungspolitik angesehen wurden. Dazu gehörten auch Priester und andere Angehörige kirchlicher Einrichtungen sowie Intellektuelle, Lehrer, Journalisten und Künstler, denen man eine oppositionelle Haltung unterstellte. So wurden auch viele Menschen inhaftiert, die über kein ausgeprägtes politisches Selbstverständnis und keine Organisationszugehörigkeit verfügten. Noch 1941 kam die erste größere Gruppe polnischer Juden in das Lager.

Ab Juli 1941 gab es eine besondere polnische Gruppe von Häftlingen. Es handelte sich um Arbeiter und Arbeiterinnen, die als »Erziehungshäftlinge« für jeweils knapp zwei Monate in das Lager überstellt wurden. Ihre Verhaftung und Einweisung in das Lager erfolgte zumeist auf Veranlassung von Vorgesetzten im Unternehmen, die sich über »Arbeitsverweigerung, unentschuldigtes Verlassen der Arbeitsstelle oder ›Bummelantentum‹ beschwert hatten. In dieser Häftlingskategorie waren vorwiegend Polen aus den Industriegebieten Oberschlesiens sowie eine gewisse Anzahl von Franzosen, Russen und Italienern.« (Auschwitz, Vernichtungslager, 1997, S. 96) Das Lager erfüllte in diesem Rahmen die Funktion eines »Arbeitserziehungslagers« (AEL). Im Laufe der Zeit mussten insgesamt 9000 Männer und 2000 Frauen das Lager als Erziehungshäftlinge durchlaufen.

Als weitere nationale Gruppe folgten politische Gegner aus der Tschechoslowakei. Ihre Verbringung nach Auschwitz folgte

auf Dachau, Mauthausen und Buchenwald, wo die tschecho-
slowakischen Häftlinge zuvor eingekerkert gewesen waren. Ende
1942 wird die Gruppe der Tschechoslowaken mit über 10 % als
drittgrößte Häftlingsgruppe in Auschwitz I registriert. Die zweit-
stärkste Gruppe blieben mit knapp 30 % polnische Häftlinge,
während jüdische Häftlinge – unabhängig von ihrer Nationali-
tät – knapp 50 % der Belegung des KZ Auschwitz ausmachten.

In Vorgriff auf den geplanten Überfall auf die Sowjetunion
im Juni 1941 wurde das Lager für die massenhafte Unterbringung sowjetischer Kriegsgefangener vorbereitet. Auch wenn
im Endergebnis nur 12.000 sowjetische Kriegsgefangene in
Auschwitz eingesperrt waren, war mit dieser zusätzlichen Funk-
tionsbestimmung auch der Aufbau des Vernichtungslagers Birkenau unmittelbar verbunden.

In Auschwitz waren außerdem dieselben Häftlingsgruppen
interniert wie in allen anderen Konzentrationslagern. Und hier
wie dort wurde die Häftlingsgesellschaft durch die farbigen
Winkel, die jeder Internierte sichtbar auf seiner Kleidung tragen
musste, in Gruppen und damit verbundene Rangfolgen gespal-
ten. Die größten Gruppen waren die Träger des roten und des
gelben Winkels, also die »politischen Häftlinge« und die Juden.
Die Träger des roten Winkels wurden zudem durch Buchstaben,
die Nationalitätenzugehörigkeit zeigen sollten, beispielsweise
»P« für »Polen«, »R« für »Russen«, worunter die SS alle Häftlinge aus der Sowjetunion verstand, oder »F« für »Franzosen« gekennzeichnet. Auch die weiteren Winkelfarben waren vertreten,
so die grünen Winkel für »befristete Vorbeugehäftlinge«, von
denen viele als Funktionshäftlinge im Dienst der SS standen,
die braunen Winkel, mit denen eingekerkerte Sinti und Roma
gekennzeichnet wurden, und die schwarzen Winkel für die sogenannten »Asozialen«, die sich aus der Sicht des faschistischen
Regimes nicht in die »Volksgemeinschaft« einordneten. Auch
Zeugen Jehovas (violette Winkel) und Homosexuelle (lila Winkel) waren als Häftlingsgruppen in Auschwitz vertreten.

Für die jüdischen Häftlinge galt außerdem, dass sie zusätzlich zum gelben Winkel auch noch einen solchen tragen mussten, der einen weiteren Haftgrund angab. So ergab sich beispielsweise für polnische Juden durch das rote Dreieck mit dem P und dem gelben Winkel ein »Judenstern« auf der Häftlingskleidung.

Frauen in Auschwitz

1942 kamen die ersten Frauen und Kinder nach Auschwitz. Im März 1942 wurde im Stammlager ein Frauenbereich eingerichtet. Zehn Blöcke wurden dafür durch eine Mauer abgetrennt und für die Internierung von Frauen vorbereitet. Als der erste Häftlingstransport mit 144 Frauen am 19. März 1942 vor Beendigung der Baumaßnahmen eintraf, wurden die neu Ankommenden erschossen. Erst am 26. März 1942 wurde der erste Frauentransport mit knapp 1000 »Grüne Winkel«-Frauen aus dem KZ Ravensbrück in Auschwitz aufgenommen. Diese Frauen sollten als Funktionshäftlinge zum Aufbau des Frauenlagers eingesetzt werden.

Ende April 1942 war die Zahl der eingelieferten Frauen bereits auf über 6000 gestiegen. Formal handelte es sich in dieser Zeit noch um ein Außenlager von Ravensbrück. Erst im Juli 1942 wurde auch dieser Lagerbereich dem KZ Auschwitz unterstellt.

Von Anfang an war geplant, das Frauenlager in dem neuerrichteten Lager Auschwitz-Birkenau unterzubringen. Anfang August 1942 erfolgte der »Umzug«. Schon am 10. August waren alle Frauen aus dem Stammlager nach Birkenau verlegt worden. Über die Zustände in diesem Lager, insbesondere in Block 8, berichtet die überlebende Gefangene Mieczyslawa Chylinska unter Einbeziehung von Erinnerungen von Mithäftlingen:

»Dieser Block war einer der sogenannten gemauerten Blocks in Birkenau. Die Bezeichnung ›gemauert‹ lässt vermuten, die Bedingungen seien dort besser gewesen. Jedoch waren gerade in diesen Ziegelbaracken die Bedingungen am schlimmsten. Als Schlafstätten dienten sogenannte Kojen. Diese dreistöckigen Brettergestelle zogen sich in Reihen durch den ganzen Raum der Baracke. Die untersten Kojen waren dunkel und feucht und alle waren so niedrig, dass man sich nur gebückt in ihnen aufhalten konnte. Vorgesehen waren sie für vier, untergebracht waren jedoch bis zu zehn oder zwölf Menschen pro Koje. Jede dort liegende oder – wegen des fehlenden Platzes – eher kauernde Frau bekam nichts als eine schmutzige, modrige Decke.

Später wurde hinter den drei Reihen gemauerter Blocks noch eine vierte Reihe von Holzbaracken aufgestellt. Dahinter befanden sich die Latrinen – mit Rohren, die kein Wasser führten, und mit ungesicherten Gruben: entsetzliche Latrinen, die für die vielen tausend Frauen natürlich nicht ausreichten. Niemand hat je gezählt, wie viele Frauen in diesen ungesicherten Kotgruben einfach ertranken beziehungsweise von bösartigen Funktionshäftlingen während der Kontrolle der sogenannten Ordnung hineingestoßen wurden und umkamen.« (Auschwitz-Hefte, Ergänzung, S. 10)

In der gesamten Statistik der registrierten Häftlinge ist die Zahl von über 130.000 Frauen nachweisbar. Das war etwa ein Drittel aller in Auschwitz Internierten. Unter den »allgemeinen Häftlingen« waren knapp 30 % weiblich, unter den jüdischen Häftlingen, die mit den Transporten von 1944 insbesondere aus Ungarn eintrafen und zumeist in den Zwangsarbeitskommandos eingesetzt waren, war etwa die Hälfte Frauen. Und auch im Zigeunerlager, das ja ein Familienlager war, war mehr als die Hälfte der Häftlinge weiblich.

Aufgrund dieser großen Zahl von Häftlingen wurde in Auschwitz-Birkenau ab 1943 ein weiterer Lagerbereich mit gleicher Aufnahmekapazität als Frauenlager eingerichtet.

Dass die SS bei den Frauen gegenüber den Männern keinerlei Unterschiede machte, kann an vielen Beispielen gezeigt werden. Von besonderer Grausamkeit war schon in der Anfangszeit
der sogenannte Generalappell am 6. Februar 1943. In der von
Danuta Czech erarbeiteten Dokumentation: »Kalendarium der
Ereignisse im Konzentrationslager Auschwitz-Birkenau« wird
darüber Folgendes berichtet: Der Appell

> »begann morgens um 3.30 Uhr. Alle weiblichen Häftlinge
> wurden auf das offene, schneebedeckte Feld vor dem Frau-
> enlager getrieben. Dort mussten sie – unzulänglich beklei-
> det und ohne Nahrung zu erhalten – bei eisiger Kälte bis
> 17.00 h stehen. Den Rückweg ins Lager mussten sie im Lauf-
> schritt zurücklegen; am Lagertor erwarteten sie SS-Aufsehe-
> rinnen und SS-Männer, die mit Knüppeln auf sie einschlu-
> gen, um sie anzutreiben. Diejenigen Frauen, die nicht mehr
> laufen konnten, weil sie zu alt, zu schwach oder krank wa-
> ren, wurden abgesondert, um kurze Zeit später in die Gas-
> kammern geschafft zu werden. Aus den Frauen, denen es
> gelungen war, ins Lager zu kommen, wurde ein Kommando
> gebildet, das die Leichen der weiblichen Häftlinge einsam-
> meln musste, die beim Appell außerhalb des Lagers unter
> den Schlägen der SS-Aufseherinnen und -Männer gestorben
> waren. Während dieses Appells kamen etwa 1000 Frauen
> ums Leben.« (Czech, Kalendarium, S. 406)

Auch bei der Ausnutzung der Arbeitskraft der weiblichen Häftlinge machte die SS keinerlei Unterschiede gegenüber den Männern, wie Mieczyslawa Chylinska berichtet:

> »Frauen mussten schwer beladene Rollwagen ziehen, Grä-
> ben ausheben, besonders schwieriges Gelände planieren,
> mit Spitzhacken und Spaten baufällige Gebäude abreißen,
> Teiche von Pflanzenbewuchs säubern, den Unrat ausheben

und abtransportieren, Eisenbahnschienen schleppen und verlegen. Sie wurden also zu Arbeiten herangezogen, die ihre physischen Möglichkeiten oft überstiegen. Wenn sie den Anforderungen nicht genügten, wurden sie auf das Übelste beschimpft und geschlagen, oder man hetzte die Hunde auf sie.« (Auschwitz-Hefte, Ergänzung, S. 13)

Kinder und Jugendliche in Auschwitz

Zu den erschreckendsten Verbrechen in Auschwitz gehören diejenigen gegen Kinder und Jugendliche. Wie in vielen anderen Lagern kamen mit den großen Sammeltransporten im Zuge der Auflösung der Ghettos, der Verhaftungswellen in den verschiedenen okkupierten Ländern und im Zuge der Deportation etwa der Sinti und Roma auch Kinder und Jugendliche bis zum Alter von 18 Jahren in das Lager. Eine gesicherte Statistik gibt es dazu nicht, weil viele Kinder bei ihrem Eintreffen sofort als »nicht-arbeitsfähig« zur Vernichtung selektiert wurden. Helena Kubica spricht in ihrem Aufsatz zu »Kinder und Jugendliche im KL Auschwitz« (in: Auschwitz, Vernichtungslager, 1997, S. 182 ff.) von mehr als 230.000 Kindern und Jugendlichen, die sich unter den 1.300.000 Häftlingen des Lagerkomplexes Auschwitz befanden. Der allergrößte Teil war jüdischer Herkunft. Von ihnen wurden jedoch nur knapp 20.000 im Lager registriert, über 11.000 waren Sinti und Roma, dazu kamen kleinere Gruppen aus Polen und den verschiedenen Sowjetrepubliken.

Die zuverlässigsten Informationen finden sich in den Transportlisten der Häftlinge aus Westeuropa. Mit ihnen lässt sich beispielsweise nachweisen, dass zwischen März 1942 und August 1944 knapp 10.000 französische Kinder und Jugendliche nach Auschwitz deportiert wurden, aus Belgien kamen knapp 5000, aus den Niederlanden knapp 4000 Kinder und Jugendliche. In den Transporten aus dem Ghetto Theresienstadt waren etwa 12 % der Ankommenden unter 17 Jahren.

Die größte Gruppe kam ab Mai 1944 mit den Massendeportationen aus Ungarn. Nach Kubicas Berechnungen waren
etwa 90.000 Kinder und Jugendliche in diesen Transporten.
Aus Zeitzeugenberichten wissen wir, dass sich insbesondere
junge jüdische Frauen bei der Ankunft älter machten, um als
»arbeitsfähig« registriert zu werden. Viele von ihnen kamen in
Außenlager anderer KZ, z. B. nach Buchenwald oder nach Al-
lendorf (Hessen).

Die Überlebensbedingungen für Kinder und Jugendliche
waren denkbar schlecht. Nur wenn sie als einsatzfähig galten,
hatten sie eine Chance, der Vernichtung zu entgehen. Im Bereich der Landwirtschaft gab es ein »Kinderkommando«, männliche Jugendliche wurden als Bauarbeiter angelernt, Kinder und
Jugendliche wurden zu Transportarbeiten gezwungen. Die Kinder und Jugendlichen wurden bei geringfügigster Missachtung
der Lagerregeln vielfältigen Schikanen und Strafen ausgesetzt.
Seitens der SS wurden solche Häftlinge auch für menschen-
verachtende medizinische Experimente missbraucht, unter
anderem von dem berüchtigten SS-Arzt Mengele für seine
»Zwillings-Forschung«.

Im Lager wurden auch Kinder geboren, da mit den Transporten immer wieder auch schwangere Frauen eintrafen. Diese
Kinder wurden zumeist mit ihren Müttern sofort getötet. In
einigen Fällen selektierte die SS aus ihrer Sicht »germanisie-
rungsfähige« nichtjüdische Kinder, die an arische Familien zur
»Eindeutschung« übergeben wurden.

Da die Kinder und Jugendlichen weder über entsprechende
Lebenserfahrung noch über notwendige Verbindungen verfüg-
ten, war Hilfe für sie meist nur mit Unterstützung des Häft-
lingswiderstands möglich. Im Krankenbau, aber auch in der
Lagerküche wurden für Kinder Medikamente organisiert und
zusätzliche Portionen Lebensmittel abgezweigt, damit sie der
Hunger, unter dem alle litten, nicht ganz so dramatisch traf.
Doch hier waren den Häftlingen Grenzen gesetzt. Zur Bilanz

dieser Hilfe für die Schwächsten gehört die Tatsache, dass bis zur Befreiung des Lagers am 27. Januar 1945 etwa 600 Kinder und Jugendliche überlebt hatten, über 400 waren noch keine 14 Jahre alt.

Der Alltag der Häftlinge

Es waren nicht nur die Brutalität der SS und ihrer Helfer, nicht allein die einzelnen Verbrechen und Massenmorde oder die Überanstrengung durch mörderische Arbeitsbedingungen, die das Leben der Gefangenen bedrohten. Es war der schiere Alltag, der für tausende Tote verantwortlich war. Waren doch die Lebensbedingungen, die Unterbringung, die sanitären Verhältnisse, die Verpflegung und alle anderen Rahmenbedingungen so, dass selbst gesunde Ankommende nach wenigen Wochen abmagerten und ihre Widerstandskraft verloren. Das war den Tätern und den Verwaltern des Todes im RSHA durchaus bewusst. Nicht umsonst kalkulierte die SS mit einer durchschnittlichen Überlebenszeit eines Häftlings von nur neun Monaten.

Die Unterbringung

Die Lebensverhältnisse der Häftlinge im Stammlager und später auch in Auschwitz-Birkenau sind heute nur noch schwer vorstellbar.

Anfangs schliefen die Häftlinge in den Blöcken auf Strohsäcken auf dem Fußboden. In den fünf Meter breiten Räumen lagen sie in drei Reihen. Als Himmler im März 1941 das Lager inspizierte, wurden in dem von ihm besuchten Block kurzfristig dreistöckige Holzbettgestelle aufgestellt, in denen offiziell jeder Häftling Platz auf einem Strohsack hatte. Tatsächlich waren auf der Fläche von 80 x 200 cm zwei, manchmal auch drei Häftlinge untergebracht. In einem solchen Block konnten bis zu 1200 Häftlinge untergebracht werden. Die dreigeschossigen

Holzpritschen wurden in den späteren Jahren Standard in allen Blöcken und Baracken.

Ab 1942 kamen in Birkenau noch Holzbaracken hinzu, die Pferdeställen des Heeres entsprachen. Diese Baracken waren von der Wehrmacht für 52 Pferde konzipiert worden. Durch die Beseitigung der meisten Seitenwände der Verschläge und andere kleine Umbauten wurde »Platz« für 400 Häftlinge geschaffen. In zwei abgetrennten Verschlägen standen Fäkalieneimer, weitere sanitäre Einrichtungen gab es nicht. Als Heizung befanden sich in diesen Baracken zwei Eisenöfen, die aber in der kälteren Jahreszeit in keiner Weise ausreichten. Auf den Bettgestellen bzw. Pritschen lagen mit Holzwolle gefüllte Papiersäcke, jeder Häftling bekam eine Decke.

> »Die ständige Feuchtigkeit in den Baracken, die undichten Dächer und die von den an Hungerdurchfall leidenden Häftlingen verunreinigten Stroh- oder Papiersäcke steigerten die Unterbringungssituation ins Unerträgliche, zumal es auch verboten war, nachts die Barackentüren zu öffnen, um frische Luft hereinzulassen. In den Baracken wimmelte es von Ungeziefer. Ratten, die sich im Lager scharenweise ausgebreitet hatten, attackierten Schlafende und fraßen Leichen an. … Die extreme Überbelegung in Verbindung mit den beschriebenen sanitär-hygienischen Verhältnissen mussten dazu führen, dass im KL Auschwitz immer wieder Seuchen ausbrachen, an denen Tausende von Häftlingen zugrunde gingen.« (Iwaszko, Leben der Häftlinge, in: Auschwitz, Vernichtungslager, 1997, S. 110)

Geringfügige Verbesserungen der sanitären Bedingungen ab Ende 1942 durch Badeeinrichtungen und Desinfektionsanlagen für Kleidung und Wäsche konnten die Ausbreitung von Seuchen etwas eindämmen, hatten aber auf die allgemeinen Lebensbedingungen nur wenig Auswirkung.

Welchen Wert die Menschen im Lager für ihre Bewacher besaßen, verdeutlicht Jan Sehn, polnischer Ermittlungsrichter zu Auschwitz, anhand eines Vergleichs: Für die Errichtung eines Hundezwingers für die Unterbringung von 250 Polizeihunden veranschlagte die SS die stolze Summe von 81.000 RM. Dabei gehörten zur Planung neben den Hundeboxen eine Rasenfläche, eine Tierklinik und eine eigene Küche zur Verpflegung der Tiere. Vergleichbares konnte man selbst für die Schweineställe im Lager konstatieren. Die Tiere besaßen eine bedeutend bessere Unterkunft als die Menschen. (Sehn, Konzentrationslager, 1957, S. 55 f.)

Die Verpflegung – Hunger als Alltagserfahrung

Liest man die Lagerordnung des KZ Auschwitz, dann müsste die Ernährungssituation der Häftlinge auskömmlich gewesen sein. Angeblich wurden dreimal am Tag Essensrationen ausgegeben, und in den Richtlinien wurden für Schwerarbeiter 2150 Kalorien und für Normalarbeiter 1700 Kalorien ausgewiesen.

Doch von beidem konnten die Häftlinge nur träumen. Morgens gab es einen halben Liter Kaffee-Ersatz oder einen Kräuteraufguss, der »Tee« genannt wurde. Brot hatten die Häftlinge bereits am Vorabend erhalten, wobei viele von ihnen aus Hunger die gesamte Ration noch am Abend sofort aufgegessen hatten. Für mittags wurde in einem offiziellen Wochenspeiseplan aufgelistet: »4 x Suppe mit Fleischeinlage, 3 x Suppe mit Frischgemüse«. Doch auch das war fernab der Wirklichkeit. »Fleischeinlage« waren zumeist wenige Fleischfasern, die sich in einer großen Menge von Flüssigkeit verloren. Und bei dem »Frischgemüse« handelte es sich um Steckrüben und Kartoffeln. Abends wurden etwa 300 g Brot mit 25 g Wurst, etwas Margarine, manchmal etwas Marmelade oder Quark ausgeteilt. Das musste für den Abend und den kommenden Morgen reichen. Diese Ernährung führte dazu, dass auch Schwerarbeiter nicht mehr als 1700 Kalorien zu sich nahmen, die anderen mussten sich mit 1300 Kalorien begnügen.

Die Konsequenz war logisch. Bei einer solchen Verpflegung ließen die Kräfte aller Häftlinge, die zum Arbeitseinsatz eingeteilt waren, spürbar nach. Selbst Prügel und Bestrafungen konnten diesen Umstand nicht aufheben. Als die Arbeitskraft der Häftlinge auch aus kriegswirtschaftlichen Gründen zunehmend wertvoller wurde, genehmigte die SS im Oktober 1942, dass diese sich Lebensmittelpakete in das Lager schicken lassen konnten. Ab 1943 kamen auch Pakete des Internationalen Komitees des Roten Kreuzes (IKRK) in Auschwitz an. Dem Lagerwiderstand und polnischen Partisanen war es gelungen, dem IKRK Listen mit Häftlingsnamen und Häftlingsnummern zu übermitteln, so dass auf diesem Weg zusätzliche Lebensmittel in das Lager kamen. Indes landete der größte Teil dieser Lebensmittellieferungen nicht bei den Häftlingen, sondern in der Küche der SS. Häftlinge, die bei ihrer Einlieferung in das Lager noch über Geldmittel verfügt hatten, konnten diese Geschenke des IKRK in der Kantine gegen Bezahlung teilweise erwerben.

Wer jedoch nicht über solche Wege und Möglichkeiten verfügte, war immer wieder gezwungen, sich zusätzliche Lebensmittel zu »organisieren«, d. h. sich auf illegale Weise, auf Transporten, von den Feldern oder aus den Abfällen der Küchen etwas Essbares zu besorgen. Wer dabei erwischt wurde, wurde von der SS schwer bestraft. Dieses »Organisieren« war sehr weit verbreitet, denn für alle Häftlinge im Lager Auschwitz gab es eine prägende Erfahrung, die sie auch nach der Befreiung nie vergessen konnten: Hunger, tagein, tagaus.

Eine Überlebende des Lagers Bronislawa Bukowinska berichtete:

> »Der Hunger war sicherlich das dominierende Gefühl, das mich fast während der ganzen Zeit im KZ begleitete. ... Die Brotscheiben zum Abendessen verschlang ich noch während des Appells. Kurz danach wurde mir vor Hunger wieder übel

und ich konnte nicht einschlafen. Nach dem Morgentee war es dann unwahrscheinlich schwer, bis zur Mittagssuppe zu warten, die dafür zuweilen so mager geraten war, dass man sie gar nicht spürte. Und wieder musste man bis abends warten. ... Ich konnte Hunger sehr schlecht aushalten, außerdem wusste ich mir nur schlecht zu helfen. Ich erhielt auch keine Pakete. Meine Gefährtinnen gaben mir manchmal etwas aus Paketen oder sogar vom Brot ab. Vielleicht hatten sie mehr Widerstandskraft oder ich hatte wirklich solch ›hungrige Augen‹, wie sie sagten. Ältere und erfahrenere Häftlinge brachten uns bei, langsam und lange zu essen und gut durchzukauen. Dadurch hatte man ein größeres Sättigungsgefühl. ... Damals war es mir egal, was ich aß, Hauptsache, ich konnte den Magen füllen. Ich war nahe dran ein Muselmann zu werden, vielleicht war ich auch einer.« (Auschwitz-Hefte, Bd. 1, S. 246 f.)

Als Muselmann bezeichnete man KZ-Häftlinge, die durch Hunger, Erschöpfung und Entbehrungen bis auf die Knochen abgemagert und zudem nicht mehr in der Lage waren, Regeln der Hygiene und Ernährung einzuhalten. Sie waren im Stadium der Agonie und standen in der Gefahr, sich als Mensch aufzugeben. Ein anderer Häftling, Bronislaw Goscinski, bekundete:

»Ich war viereinhalb Jahre in Auschwitz und habe verschiedene Zeiten erlebt, aber der Hunger hat mich die ganze Zeit unablässig gequält. ... Der Hunger zwang mich immer wieder, zu den letzten Mitteln zu greifen. So aß ich Melasse, die für die Pferde bestimmt war, Zuckerrübenschnitzel für Kühe und Abfälle vom Schweinefutter, auch angefaulte und gefrorene Dämpfkartoffeln. Auf dem Acker nahm ich rohe Kohlrüben, Korn aus den Ähren und einfach alles zu mir, womit man den Magen füllen konnte. Oft hatte das schlimme Folgen für die Gesundheit.« (Auschwitz-Hefte, Bd. 1, S. 247)

Dass die SS die Ernährung auch bewusst als Quälerei einsetzte, berichtete der Überlebende Wiktor Myrdko:

»In meinen ersten Tagen im Bunker im Block 11 konnte ich das mir zur Mittagszeit gebrachte miserable Essen nicht hinunterbringen ... das war irgendein Schleim in einem Essgeschirr aus Aluminium. Wenn man da den Löffel hineinlegte, so klebte der ganze Inhalt an und man konnte ohne Schwierigkeiten sogar die Schüssel mit hochheben. ... Zum Abendessen gab es stark salzhaltige Nahrung, also ein Stück Salzhering, etwas Quark oder etwas gesalzene Pferdeblutwurst. Und nichts zu trinken. Am Morgen gab man uns dann einen Becher bitteren schwarzen Kaffee und jeden dritten Tag ungesüßten Pfefferminztee und nichts weiter. ... Am Vortage eines Verhörs erhielt ich immer einen Salzhering zum Abendessen oder Presswurst, Quark oder ›Avo‹-Suppe mit sehr viel Salz. Der Durst brannte dann immer in den Eingeweiden.« (Auschwitz-Hefte, Bd. 1, S. 246)

Der Tagesablauf

Der Alltag der Häftlinge wurde durch ein rigides Regime von Abläufen und Befehlen geprägt, in deren Rahmen die Häftlinge zu funktionieren hatten. Gab es Abweichungen oder Ergebnisse, mit denen die SS nicht zufrieden war, wurden die Häftlinge – und nicht nur die möglichen Verursacher – pauschal bestraft. Eine wichtige Voraussetzung zum Überleben war es, wie in allen Lagern, nicht mit der SS und ihren Helfern in Konflikt zu geraten. Und das war für die große Zahl der Häftlinge aus verschiedensten Ländern dem schieren Zufall überlassen.

Es fing damit an, dass die SS alle Befehle und Anweisungen natürlich in deutscher Sprache brüllte. Verstand ein Häftling diese Anweisung nicht oder reagierte er zu langsam, dann wurde er geschlagen oder anderweitig bestraft. So war es hilfreich, wenn man als Neuankömmling von »alten« Häftlingen Hinweise zum richtigen Verhalten bekam, um weniger Strafen zu erhalten.

Der Tag im Lager begann, wie oben erwähnt, mit dem Wecken um 4.00 h morgens. Mithäftlinge, die sogenannten Blockältesten, mussten dafür sorgen, dass alle Häftlinge aus den Schlafplätzen aufstanden, die Strohsäcke und Decken »militärisch« gebaut wurden, die Notdurft verrichtet werden konnte und die Morgengetränke verteilt wurden.

Spätestens um 5.00 h mussten die Insassen der Blocks zum morgendlichen Zählappell angetreten sein. Sie standen in Zehnerreihen, um die Zählung zu erleichtern. Damit aber die Sollzahlen auch stimmten, wurden diejenigen Häftlinge, die in der Nacht gestorben waren, auf den Appellplatz getragen und mitgezählt. Erst wenn bei diesem Zählappell die Zahlen sich mit den Unterlagen der SS deckten, wurde der Appell beendet und der Befehl erteilt: »Arbeitskommandos formieren«. Die Häftlinge mussten sich auf dem Appellplatz zu den Kommandos begeben, denen sie zugeteilt waren, und anschließend marschierten die Kolonnen unter Bewachung und mit einem schriftlichen »Marschbefehl« an ihre jeweilige Einsatzstelle auch außerhalb des umzäunten Lagerbereichs. Zumeist befanden sich diese Arbeitsorte innerhalb des Bereichs der »großen Postenkette«, eines Gebietes, das während der Arbeitszeit großräumig von SS-Wachmannschaften gesichert wurde, um Fluchtversuche aus den Arbeitskommandos zu verhindern. Häftlinge, die sich dieser Postenkette näherten oder sie gar überquerten, wurden »auf der Flucht« erschossen. Mehrfach befahlen SS-Männer Häftlingen, sich aus dem bewachten Bereich zu entfernen, um sie daraufhin erschießen zu können. Zur »Belohnung« konnte dann der SS-Mann wegen »Wachsamkeit« einige Tage Sonderurlaub bekommen.

Laut Anordnung der SS-Kommandantur sollte die tägliche Arbeitszeit an sechs Tagen jeweils 11 Stunden betragen, nämlich von 6.00 h bis 17.00 h mit einer halbstündigen Mittagspause.

Doch viele Häftlinge waren deutlich länger unterwegs, da sie erst einmal zu ihren Arbeitsstellen und am Ende des Arbeitseinsatzes wieder zurück zum Lager gelangen mussten. In Kolonnen mussten sie durch das Lagertor marschieren, um der SS das Zählen am Tor zu erleichtern. Außerdem wurden die heimkehrenden Häftlinge nach dem Zufallsprinzip gefilzt, d. h. es wurde kontrolliert, ob sie von außen irgendwelche Dinge in das Lager hineinbringen wollten. Wer dabei erwischt wurde, hatte harte Strafen wegen »Verstoßes gegen die Lagerordnung« zu erwarten.

Waren alle Arbeitskommandos im Lager eingetroffen, begann der »Abendappell«, bei dem ebenfalls die Präsenzzahl (abzüglich der Verstorbenen) stimmen musste. Erst dann wurden die Essensrationen ausgegeben. Um 21.00 h begann die Nachtruhe, während der die Häftlinge ihre Unterkünfte nicht mehr verlassen durften. Wer seinen Block in dieser Zeit verließ und von der SS erwischt wurde, konnte wegen »Fluchtversuchs« bestraft oder sogar getötet werden. Zeitzeugen berichten, dass in der Nacht immer wieder in das Lager hineingeschossen wurde, wenn sich Häftlinge zwischen den Blöcken bewegten.

Waren die Zählappelle am Morgen und Abend schon quälend genug, so setzte die SS dieses Instrument auch als Strafmaßnahmen gegen die Häftlinge ein. Aus der Anfangszeit des Lagers Auschwitz werden zwei besonders drastische Beispiele berichtet. Als am 6. Juli 1940 dem polnischen Häftling Tadeusz Wiejowski die Flucht gelang, wurde durch die SS ein neunzehnstündiger Strafappell angesetzt. In dem Zeugenbericht des ehemaligen Häftlings Henryk Król heißt es:

>»Es war eine schreckliche Nacht ... Am Morgen zitterten alle vor Kälte ... Die Strahlen der aufgehenden Sonne brachten Erleichterung, aber nur für kurze Zeit. Später wurde es glühend heiß und die Qualen immer größer. Einer nach dem anderen fiel um. Ohnmächtige wurden mit Wasser begossen.« (Auschwitz, 1978, S.83)

Häftlinge, die ihre Notdurft nicht halten konnten, wurden von den SS-Bewachern gequält und gedemütigt.

Ende Oktober 1940 musste das gesamte Lager etwa acht Stunden bei Kälte und Schneeregen auf dem Appellplatz ausharren, weil ein Häftling fehlte. Erst als man seine Leiche in einem Versteck gefunden hatte, wurde der Appell beendet. Es wird berichtet, dass anschließend 120 Tote, Ohnmächtige und Kranke vom Platz getragen wurden.

Dass die SS auch gegenüber den weiblichen Häftlingen keine Gnade kannte, zeigt das oben genannte Beispiel des »Generalappells« vom Februar 1943 im Frauenlager, wo Strafappelle in der Erinnerung der Überlebenden ebenfalls eine der häufigeren Kollektivstrafen der SS darstellten.

Die Ausbeutung der Häftlinge: Zwangs- und Sklavenarbeit

Über die Funktion des KZ-Systems im deutschen Faschismus gab es in früheren Jahren mehrfach intensive Debatten. Mittlerweile ist es in der seriösen Literatur zu den Konzentrationslagern unstrittig, dass das Lagersystem mehrere Stufen durchlaufen hat, bei dem es zuerst um die Ausschaltung politischer Gegner und anderer nicht zur faschistischen Volksgemeinschaft Gezählter ging. Außerdem ging es um die permanente Drohung gegenüber potenziellen Opponenten sowie mit Beginn des Krieges um die Ausschaltung »unsicherer Elemente« in den besetzten Ländern und die massive Durchsetzung der Zwangsarbeit. Und parallel zur beginnenden Vernichtungspolitik gegenüber den jüdischen Bevölkerungsgruppen in ganz Europa verstärkte sich der Arbeitseinsatz der Häftlinge, so dass in der Literatur zurecht von »Vernichtung durch Arbeit« gesprochen wird, ein Begriff, den Joseph Goebbels gegenüber der Behandlung von Polen schon im September 1942 selber verwendet hat.

In einer Anweisung vom April 1942 wird über die Häftlingsarbeit festgelegt: »Der Lagerkommandant allein ist verantwortlich für den Einsatz der Arbeitskräfte. Dieser Einsatz muss im
wahren Sinne des Wortes erschöpfend sein, um ein Höchstmaß
an Leistung zu erreichen.« (zit. nach Piper, Arbeitseinsatz, S. 79)

Hinzu kommt, dass angesichts der veränderten Kriegslage
nach der militärischen Niederlage der Wehrmacht von Stalin-
grad im Februar 1943 selbst die in Gang gesetzte Massenvernichtung immer wieder konterkariert wurde von der Notwendigkeit
des Arbeitskräfteeinsatzes in der Kriegs- und Rüstungspolitik.
So entstand die scheinbar widersprüchliche Situation, dass die
lokalen Nazigrößen ganze Regionen nach Vertreibungen und
Massendeportation als »judenfrei« deklarierten, um wenige Monate später jüdische Häftlinge, die nach Auschwitz transportiert
worden waren, als Arbeitskräfte für die Rüstungsindustrie zu-
rückzubekommen. An der grundsätzlichen faschistischen Vor-
stellung, dass alle Juden zu vernichten seien, änderte das nichts.
Sie sollten jedoch vorher noch rücksichtslos für die faschistische
Kriegsführung ausgebeutet werden.

Häftlinge in Arbeitskommandos

Überhaupt war die Arbeitskraft der Häftlinge auch im KZ
Auschwitz von Anfang an als betriebswirtschaftliche Größe
kalkuliert worden. Es ging in diesem Lager nicht nur um die
Aussonderung oppositioneller Kräfte, sondern auch um den
Arbeitseinsatz der Häftlinge beim Auf- und Ausbau des Lagers
und für den Bedarf der SS.

Da es in der ersten Phase des Lagers noch keine Gesamtpla-
nung gab, wurden die Häftlinge – teilweise recht willkürlich –
für die jeweils anstehenden Aufgaben eingesetzt. Dazu gehörten
in erster Linie der Bau und Ausbaubereich, da die vorhandenen Gebäude zumeist für die Aufnahme einer großen Zahl von
Menschen überhaupt erst hergerichtet werden mussten. Der
zweite große Bereich der Häftlingsarbeit war die Sicherstellung

der inneren Organisation des Lagers, angefangen von der Lagerküche, der Wäscherei, der Latrinensäuberung bis hin zu allen Dienstleistungen für die SS-Verwaltung.

Der Aufbau und die Versorgung des Lagers wurden durch SS-Betriebe begleitet, die für die Arbeitskräfte auf die Häftlinge zurückgriffen. Dazu gehörten die Deutschen Ausrüstungswerke GmbH, die Deutsche Erd- und Steinwerke GmbH und die Deutsche Lebensmittel GmbH. Ein weiterer großer Bereich war der Arbeitseinsatz in den landwirtschaftlichen Betrieben des Lagers.

Der Einsatz in den Baukommandos wurde – verbunden mit den Ausbauplänen ab Frühjahr 1941 – deutlich intensiviert. Die Häftlinge mussten die schwersten Arbeiten mit primitiven Hilfsmitteln und wenigen Werkzeugen erledigen, was nicht nur enorm anstrengend war, sondern auch eine nur geringe Produktivität zuließ. Gleichzeitig waren die fehlenden Werkzeuge und Schutzeinrichtungen der Grund für zahlreiche Arbeitsunfälle und Verletzungen auf den Baustellen.

Ein Beispiel dafür war das sogenannte »Abbruchkommando«, das beim Ausbau des Lagerbereichs die alten Wohnhäuser und landwirtschaftlichen Gebäude beseitigen musste. Nur mit Schaufel, Spitzhacken und Brechstangen ausgestattet, hatten sie Häuser abzureißen. Mit Hilfe von Balken, die als Rammböcke dienten, wurden die Mauern zum Einsturz gebracht. Dabei verletzten sich Häftlinge immer wieder durch herabstürzende Steine. Aber nicht nur die Mauern mussten abgetragen werden, das Haus wurde bis auf das Fundament abgerissen, und die Häftlinge mussten anschließend die Baugrube wieder verfüllen und planieren. Nutzbare Baumaterialien wie Balken, Dach- und Mauerziegel und Metallteile mussten sie abends bei der Rückkehr des Kommandos in das Lager mittransportieren.

Die Baumaterialien wurden auf einem westlich des Lages liegenden »Bauhof« zwischengelagert, wo auch das mit dem Zug angelieferte Material wie Steine, Kalk, Zement oder Armierungseisen deponiert wurden. Da die Transportkapazitäten knapp waren, wurden die Häftlingskommandos von der SS mit Schlägen und Beschimpfungen angetrieben, die Entladung in großer Eile durchzuführen. Als Beispiel ist in den Dokumenten zu finden, dass zehn Häftlinge innerhalb von zwei Stunden 480 Säcke mit jeweils 50 kg Zement aus den Waggons ausladen und zu einem 150 m entfernten Magazin tragen mussten. Während der Arbeit wurden sie von einem Spalier von SS-Männern und Kapos mit Knüppeln angetrieben. (vgl. Piper, Arbeitseinsatz, in: Auschwitz 1997, S. 155)

Neben der zermürbenden Arbeit selber quälten die SS und ihre Helfer auch auf den Baustellen die eingesetzten Häftlinge, wie sich Tadeusz Opara erinnerte:

»Ich wurde mit 35 Mithäftlingen zur Aushebung eines 3 Meter tiefen Grabens zugeteilt: die Erde war gefroren und lehmig, zuerst mussten wir die Spitzhacken benutzen, um danach diesen Lehm auf ein Zwischengestell zu werfen, von dem ihn andere Kollegen nach oben warfen und wieder andere den Lehm verteilten oder in Karren schütteten, um entlegenere Geländeteile einzuebnen. Die Arbeit war sehr schwer, wir alle waren erschöpft, hungrig, schlecht gekleidet und bei einer Temperatur von [minus; U. Sch.] 15–18 Grad durchfroren. … Wenn der Capo sah, dass irgendjemand nicht arbeitete, schlug er sofort mit Stock oder Knüppel auf den Schuldigen ein, und wenn dieser dann stürzte, wurde er bis zur Besinnungslosigkeit geschlagen, als nächstes folgte ein Sprung auf die Brust des Opfers, der den Tod herbeiführte. … Durchfroren, zu Tode erschöpft, hungrig trugen wir am Ende des Kommandos immer 5–8 Leute, die entweder tot oder kaum noch lebendig waren, auf den Schultern oder auf einer mit Stacheldraht zusammengehaltenen Plattform, auf der die Delinquenten lagen, die vom Capo massakriert worden waren.« (zit. nach Piper, Arbeitseinsatz, S. 149)

Etwas bessere Bedingungen hatten diejenigen Häftlinge, die in der Lagerverwaltung und in den Versorgungsbetrieben des Lagers eingesetzt wurden. Dazu gehörten nach Piper die Schreibstuben, Magazine für Bekleidung, Lebensmittel und Ausrüstungsgegenstände, Werkstätten wie Schlossereien, Tischlereien, Glasereien, Malerkommandos, Schneider-, Schuhmacher- und Kraftfahrzeugwerkstätten, die Küche, der Bereich des Häftlingskrankenbaus und das SS-Revier. So lange diese Arbeiten »unter Dach« erledigt werden konnten, war man nicht den Unbilden der Witterung ausgesetzt. Ausgestattet mit der erforderlichen Fachkompetenz konnten sich einzelne Häftlinge in diesen Arbeitskommandos für die SS »unentbehrlich« machen und eine etwas bessere Verpflegung, in manchen Fällen sogar einen gewissen Schutz vor Vernichtung erlangen.

Aber die Beteiligung an Arbeiten der SS konnte auch zu einem Risiko werden. So wurden die Häftlinge, die in »Sonderkommandos« im Zusammenhang mit den verschiedenen Mordaktionen benutzt wurden, indem sie beispielsweise die Beseitigung der Leichen übernehmen mussten, wenig später selber Opfer der Vernichtungspolitik, da die SS unliebsame Zeugen beseitigen wollte.

Von großer Bedeutung war auch der Arbeitseinsatz der Häftlinge in den verschiedenen landwirtschaftlichen Betrieben außerhalb des Lagers im SS-Schutzgebiet. »In Harmense wurde eine große Geflügelfarm angelegt, in Plawy entstand eine Fischzucht und in Rajsko ein Gartenbaubetrieb, der in großem Umfang Gemüse und Blumen anbaute. In den ersten Frühlingswochen nach Berlin geschickte Blumen, Tomaten und Gurken mit dem Stempel ›KL Auschwitz‹ waren für Himmler ein Anlass, stolz zu sein auf diesen ›allseitigen Beitrag zum Aufbauwerk des nationalsozialistischen Reiches‹.« (Piper, Arbeitseinsatz, 1997, S. 158)

Für die Garten- und Feldarbeit wurden vor allem Frauen abkommandiert. Ihre Arbeitsbedingungen waren nicht leichter als die der Männer. Auch hier wurden Häftlinge, die nicht die geforderte Arbeitsleitung erbrachten, geschlagen, gequält und oftmals ermordet.

Obwohl im Laufe der Kriegszeit der Arbeitskräftebedarf auf allen Ebenen − nicht allein in der Rüstungswirtschaft − für die Nazis zunehmend zum Problem wurde, ging die SS mit der Arbeitskraft der Häftlinge bis zum Ende des Lagers rücksichtslos und mörderisch um, betont Franciszek Piper in seinen Untersuchungen. Dass dieser Häftlingseinsatz nicht nur für die SS, sondern auch für die private Wirtschaft im Rahmen der Kriegs- und Rüstungsproduktion von Bedeutung war, wird in Kapitel IV etwas ausführlicher dargelegt.

Exkurs: Die Lager-Orchester

Aus heutiger Sicht von besonderem Zynismus waren die Häftlings-Lagerorchester, die auf Veranlassung der SS in Auschwitz entstanden waren. Während sich die SS in anderen Lagern von Häftlingen ein »Lagerlied« komponieren ließ, das beim Aus- und Einrücken der Häftlingskolonnen zu singen war, wollte die Lagerleitung in Auschwitz ein Orchester für die »musikalische Begleitung« der Arbeitseinsätze. Ab 1941 gab es im Stammlager bereits ein Männerorchester. Im Juni 1943 wurde auf Befehl der SS in Auschwitz-Birkenau von der polnischen Musiklehrerin Zofia Czajkowska ein Mädchenorchester zusammengestellt. Die Mitglieder wurden durch die Aufnahme ins Orchester vor der Vernichtung durch Arbeit und vor dem Tod in den Gaskammern bewahrt. Dirigentin des Orchesters war von 1943 bis zum April 1944 Alma Rosé, die Nichte des Komponisten Gustav Mahler.

Das Orchester spielte am Tor, wenn die Arbeitskolonnen aus- und einmarschierten. Damit dieses im Gleichschritt geschah, musste das Orchester vorrangig Märsche spielen. Im Sommer rückten die Arbeitskolonnen zwischen 5 und 6 Uhr aus und kamen gegen 20 Uhr zurück. Im Winter marschierten sie zwischen 7 und 8 Uhr aus und kamen gegen 17 Uhr zurück. Esther Bejarano erinnert sich, wie schnell das Orchester einsatzbereit sein musste:

> »Nach den drei Wochen mussten die Mädchen morgens und abends am Tor stehen und Märsche spielen, wenn die Arbeitskolonnen aus- bzw. einrückten. … Außer Märschen wurden kleine Musikstücke, z. B. der Schlittschuhläufer, Volkslieder, Menuette, Rondos und Walzer gespielt. An größere Musikstücke wagte sich die Czajkowska nicht heran. Vielleicht weil sie keine besonderen Ambitionen hatte, für die SS ein großes Orchester aufzubauen.« (Bejarano, Wir leben trotzdem, S. 82)

Das gesamte Kommando bestand zusammen mit den Notenschreiberinnen aus etwa 40 Frauen, unter ihnen Jüdinnen und Nicht-Jüdinnen aus ganz Europa. Nur wenige waren professionelle Musikerinnen. Für die Frauen war dieser Einsatz ein Glücksfall. Ihre Arbeit war die Orchesterprobe. Sie wurden unter besseren Bedingungen untergebracht als die meisten anderen Häftlinge. In ihrer Baracke gab es einen mit Holzdielen ausgelegten Boden und einen Ofen, um die Musikinstrumente vor Feuchtigkeit zu schützen. Selbst erkrankte Musikerinnen wurden nicht als »arbeitsunfähig« getötet, sondern man versuchte, sie tatsächlich wieder einsatzfähig zu machen, wie Esther Bejarano erlebte.

Das Mädchenorchester bzw. einzelne Musikerinnen mussten selbst für die SS Privatkonzerte geben. Der damalige Lagerkommandant, Josef Kramer, führte das Orchester gerne vor, wenn SS-Größen das KZ Auschwitz besichtigten. Selbst der KZ-Arzt Josef Mengele ließ sich oftmals klassische Musik, zum Beispiel Schumanns Träumerei, vortragen. An Sonntagen musste das Orchester Konzerte für die SS geben, einmal sogar gemeinsam mit einem »Liliputaner«-Zirkus auftreten.

Medizin im KZ Auschwitz

Der Häftlingskrankenbau (HKB)

Als Häftling im KZ Auschwitz so schwer zu erkranken, dass man in den Häftlingskrankenbau, in das Revier, aufgenommen werden musste, war für viele Häftlinge gleichbedeutend mit einem Todesurteil. Das hatte verschiedene Gründe. Zum einen lag es an dem Zustand der Reviere selber. Man darf sich darunter keine Sanitätsstation vorstellen, es war vielmehr ein separater Block, in dem die Kranken und Invaliden unter Lebensverhältnissen untergebracht waren, die nicht besser waren als die der übrigen Häftlinge. Die sanitären Verhältnisse waren verheerend, zudem fehlte es vor allem an Medikamenten.

Unter diesen Bedingungen kann die Leistung der Häftlinge, die als Ärzte oder Pfleger im Krankenbau tätig waren, für die Selbsthilfe und das Überleben vieler Mithäftlinge nicht hoch genug eingeschätzt werden. In einem ausführlichen Bericht erinnerte sich die Violonistin des Mädchenorchesters Helena Dunicz-Nivinska an ihren Aufenthalt im Krankenrevier:

>»Im Krankenrevier konnte natürlich von einer offiziellen Behandlung nicht die Rede sein. Die ganze ›Wohltat‹ des Krankenreviers bestand darin, dass man auf der Pritsche liegen konnte (einem verlausten und fauligen, niemals nach den vorherigen Kranken gewechselten Strohlager) und nicht bei den Morgen- und Abendappellen zu stehen brauchte. … Aufgrund des Medikamentenmangels wurden die Kranken eigentlich gar nicht behandelt. Entweder wurde der Organismus alleine mit der Krankheit fertig oder man starb. Meist war es so, dass man im Revier eine Krankheit nach der anderen bekam, z. B. erst Durchfall, dann Typhus, dann Lungenentzündung usw. und der Organismus wurde immer weiter geschwächt. … Die im Krankenblock sehr verbreitete Phlegmone wurde nicht behandelt, man wechselte den Kranken

nur einmal täglich die Verbände, d.h. man legte neue Bandagen aus Toilettenpapier an. Ich erinnere mich an Zeiten, da selbst diese ›Bandagen‹ fehlten.« (Auschwitz-Hefte, Bd. 2, S. 152)

Es wurde existenziell für die Arbeit der Häftlingsärzte und -pfleger, dass es dem Häftlingswiderstand in gewissem Rahmen gelungen war, zusätzliche Medikamente von außen in das KZ zu schmuggeln. Damit konnte in einzelnen Fällen besonders gefährdeten Häftlingen geholfen werden. Es war aber nur ein »Tropfen auf den heißen Stein«. Dennoch waren diese Beispiele auch Ermutigungen für die Kranken selber, die erleben konnten, dass ihnen die Kraft der Solidarität eine Überlebenschance bot. Helena Dunicz-Nivinska erinnert sich:

»Wenn ich meine Erfahrungen im Krankenrevier zusammenfasse, muss ich betonen, dass es mir nur durch die organisierte Hilfe von Kameradinnen gelungen ist, ihm zu entkommen. … Ohne Hilfe – allein auf sich gestellt – konnte kein Häftling das Lager überleben.« (Auschwitz-Hefte, Bd. 2, S. 152)

Und selbst mit dieser Solidarität waren die Häftlinge nicht davor gefeit, dass SS-Ärzte oder -Sanitätsdienstgrade, die für die medizinische Aufsicht im Revier zuständig waren, nicht mehr arbeitsfähige Häftlinge zur Vernichtung im Gas selektierten oder zur Ermordung mittels Phenolspritze auswählten. In Einzelfällen konnten Häftlingssanitäter durch die Vertauschung der Krankenblätter mit denen bereits Verstorbener Häftlinge vor der Ermordung retten, durch die eintätowierte Häftlingsnummer war jedoch ein Identitätentausch zur Rettung eines Häftlings, wie in anderen Konzentrationslagern geschehen, in Auschwitz äußerst erschwert.

Um zu verhindern, überhaupt ins Revier gehen zu müssen, begannen viele Häftlinge damit, sich mittels alter Hausmittel, der sogenannten »Volksmedizin«, bei Erkrankungen selber zu behelfen. Solange es sich um präventive Maßnahmen der Hygiene und der Stärkung der Abwehrkräfte handelte, konnte dies nach Aussagen von Überlebenden tatsächlich nützen. Im Falle schwerwiegenderer Erkrankungen entstanden dadurch teilweise jedoch noch größere Leiden. Aber die Angst vor dem Häftlingskrankenbau war so groß, dass viele dieses Risiko auf sich nahmen.

Eine Besonderheit des HKB sollte noch erwähnt werden. Dessen Schreibstube war in den ersten Jahren auch für die Ausstellung der Todesbescheinigungen zuständig. Laut Vorgaben konnte man nur auf drei Arten in Auschwitz sterben: »Natürliche Todesursache«, »Selbstmord« und »Auf der Flucht erschossen«.

Alle drei Angaben waren in der Regel eine große Lüge. Unter die Kategorie »Natürliche Todesursache« fielen auch jene Häftlinge, die an ihrer Arbeitsstelle erschlagen worden waren, diejenigen, die für die Vergasung selektiert waren, und selbst die durch Phenolspritzen Ermordeten. Auch die Kategorie »Selbstmord« war gelogen. Denn der Grund, seinem Leben in Auschwitz ein Ende zu bereiten, waren die Torturen und die Misshandlungen durch die SS, die Unmenschlichkeit der Lebens- und Arbeitsbedingungen. Unter die letzte Kategorie »Auf der Flucht erschossen« fielen auch alle jene Häftlinge, die von der SS durch die Postenkette gedrängt wurden, weil ihre Tötung Sonderurlaub oder andere Vergünstigungen versprach. Die wenigen, die tatsächlich einen Fluchtversuch gewagt hatten, wurden − falls sie eingefangen wurden − öffentlich hingerichtet, und selbst das galt als »natürliche Todesursache«.

Medizinische Experimente

Ein besonders abscheuliches Verbrechen in Auschwitz waren die pseudowissenschaftlichen medizinischen Experimente, die von SS-Ärzten an wehrlosen Häftlingen durchgeführt wurden. Drei große Bereiche von »Forschungen« wurden im KZ Auschwitz angelegt.

Der Bereich, der die meisten Todesopfer und Verstümmelten hervorbrachte, waren die Sterilisationsversuche an Frauen und Männern. Mit insgesamt drei Versuchsreihen suchte die SS nach einem Verfahren, rasch und nachhaltig eine große Zahl von Menschen zu sterilisieren.

Nachdem ein erster Versuch, mit pflanzlichen Wirkstoffen die Sterilisation zu erreichen, als wenig erfolgreich abgebrochen wurde, begannen die SS-Ärzte Horst Schumann und Carl Clauberg mit ihren Versuchen.

Schumann holte sich in Auschwitz arbeitsfähige Juden im Alter von 20 bis 24 Jahren und setzte sie an den Geschlechtsteilen 15 Minuten der Wirkung von Röntgenstrahlen aus, wonach sie wieder arbeiten geschickt wurden. Verbrennungen und Vereiterungen waren oft die Folge. Nach 2 bis 4 Wochen wurde das Opfer kastriert, um die Hoden sezieren und mikroskopisch untersuchen zu können.

Carl Clauberg, der schon länger zur Sterilisierung experimentierte, erhielt in den Jahren 1942 bis 1944 im KZ Auschwitz 498 jüdische Frauen als Versuchsobjekte. Er spritzt ihnen während einer »allgemeinen gynäkologischen« Untersuchung eine chemische Reizflüssigkeit in die Gebärmutter (oft bis an das Ende des Eileiters, in mehreren Fällen bis in die Bauchhöhle), was zur Verklebung und zur völligen Zerstörung des Eileiters führte. Die Wirksamkeit seiner Methode wurde mit Hilfe von Röntgenaufnahmen festgestellt. Clauberg hielt es für möglich, dass »von einem entsprechend eingeübten Arzt, an einer entsprechend eingerichteten Stelle mit vielleicht 10 Hilfspersonen höchstwahrscheinlich mehrere hundert – wenn nicht gar 1000 – Frauen an einem Tag« sterilisiert werden konnten. Viele Frauen starben bereits an den Experimenten, die meisten anderen wurden als Zeuginnen im Gas ermordet. Für diese Experimente wurden auch Sinti- und Roma-Mädchen missbraucht.

Als Inkarnation eines gewissenlosen Mediziners und Inbegriff der gnadenlosen Menschenversuche im KZ Auschwitz gilt gemeinhin der SS-Arzt und Rassehygieniker Josef Mengele. Er sah in seinem Einsatz als SS-Arzt die Gelegenheit, das in Auschwitz zur Verfügung stehende »Menschenmaterial« für seine akademische Karriere zu nutzen. Im Rahmen der Untersuchungen zu den verschiedenen Themen der Rassehygiene standen seine Experimente in der »Zwillingsforschung«. Dafür selektierte er bei den ankommenden Vernichtungstransporten noch auf der Rampe Zwillingskinder und Menschen mit genetischen Defekten, z. B. Kleinwüchsige.

Sein Ziel war es, durch Vermessungen und umfassende Untersuchung der betreffenden Menschen einen Nachweis für die Vererbbarkeit von Gendefekten, aber auch für »Züchtungsmöglichkeiten höherwertiger Rassen« zu liefern.

Um die selektierten Kinder untersuchen zu können, richtete er auf dem Gelände des »Zigeunerlagers« einen sogenannten Kindergarten ein, in welchem alle Kinder im Alter bis zu sechs Jahren untergebracht und eigens betreut wurden. Die Baracken waren in besserem Zustand als die meisten übrigen, und die Kinder erhielten eine Zeit lang bessere Kost. Hier nahm Mengele aber auch die ersten Untersuchungen an Zwillingen vor und brachte weitere Zwillingspaare unter, die er vor allem aus den ständig neu ankommenden Transporten holte. Nach Abschluss seiner medizinischen Untersuchungen wurden auch diese Kinder ermordet.

Bei seinen Untersuchungen von »Kleinwüchsigen« ging Mengele noch einen Schritt weiter. Nachdem er alle vorgesehenen Experimente mit ihnen durchgeführt hatte, ließ er die Häftlinge töten und die Skelette sauber verpackt an das Kaiser Wilhelm Institut in Berlin-Dahlem schicken, wo eine »Erbbiologische Centralsammlung« bestand.

Aber nicht nur für das eigene akademische Ansehen wurden Menschenversuche im KZ Auschwitz unternommen. Wie schon zuvor in anderen Konzentrationslagern, z. B. Buchenwald, führte die SS in Auschwitz pharmazeutische Experimente im Auftrag der IG Farbenindustrie AG durch. Von 1941 bis 1944 wurden von SS-Ärzten und dem SS-Hygiene-Institut in Rajsko Verträglichkeitsuntersuchungen und andere Versuche mit noch nicht zugelassenen Medikamenten durchgeführt. Hierbei handelte es sich um Präparate gegen Fleckfieber, Tuberkulose, Diphterie und andere Infektionskrankheiten. Die Versuche liefen üblicherweise so, dass gesunde Häftlinge infiziert wurden und anschließend der Impfstoff an ihnen erprobt wurde. Da die körperliche Verfassung deutlich schlechter war als bei Menschen außerhalb des Lagers, waren auch die Untersuchungsergebnisse nur eingeschränkt aussagekräftig. Aussagekräftig war aber die große Zahl der Menschen, die bei diesen Experimenten ihr Leben ließen.

Bei einem besonderen Experiment mit einem Narkotikum, das von der Wehrmacht eingesetzt werden sollte, kam es zu einem ungewöhnlichen Deal zwischen der SS und den IG Farben. Da die Ergebnisse der Experimente im Häftlingskrankenbau die IG Farben nicht zufriedenstellten, kauften sie kurzerhand 150 weibliche Häftlinge für die Durchführung von Experimenten in eigener Regie. »Für jede dieser Frauen zahlte Bayer 170,– RM – nachdem die Lagerkommandantur zunächst 200,– RM pro Häftlingsfrau verlangt hatte, die Firma diese Forderung aber als zu hoch abgelehnt hatte.« (Strzelecka, Medizinische Experimente, in: Auschwitz, Vernichtungslager, 1997, S. 146)

III.
Auschwitz als Ort
der Massenvernichtung

Die Wannsee-Konferenz und die
neue Funktion von Auschwitz-Birkenau

Entscheidend für den Ausbau des Lagerkomplexes Auschwitz-Birkenau zum Zentrum der rassistischen Massenvernichtung wurde eine NS-Führertagung in Berlin, die am 20. Januar 1942 stattfand und unter dem Namen »Wannsee-Konferenz« berüchtigt wurde.

Auf Einladung des Chefs der Sicherheitspolizei und des SD, Reinhard Heydrich, fand am Mittag des 20. Januar 1942 in einer Villa am Großen Wannsee 58 eine etwa 90 Minuten dauernde Besprechung von Vertretern der SS, der NSDAP und mehrerer Reichsministerien statt. Das Thema lautete: Die »Endlösung der Judenfrage«. Die Dauer der Tagung macht deutlich, dass bei dieser Beratung nicht die Vernichtungspolitik an sich besprochen wurde, sondern nur noch ihre technische und organisatorische Umsetzung. Das überrascht nicht, hatten doch bereits bis Ende 1941 insbesondere die SS, die Einsatzgruppen und Wehrmachtseinheiten vor allem in Polen und der Sowjetunion etwa 900.000 jüdische Menschen ermordet. Massenerschießungen wie im ukrainischen Babyn Jar, in Deutschland unter dem Namen Babi Jar bekannt, waren erschreckende Beispiele dieser mörderischen Politik. Mit der Wannsee-Konferenz versuchte Heydrich das Handeln der verschiedenen Ministerien, der faschistischen Organisationen und Parteiämter bei der Vorbereitung zur Ermordung der europäischen Juden zu koordinieren und selber die Gesamtverantwortung für diesen Bereich zu behalten.

Dem vorliegenden Protokoll dieser als »Staatssekretärsbesprechung« charakterisierten Konferenz zufolge ging es nicht

mehr um das »Ob«, sondern nur noch um das »Wie« der »Endlösung der Judenfrage«. Dabei wurden auch Konflikte zwischen
den deutschen Besatzungsverwaltungen im Osten und den dortigen SS-Führern behandelt. Besprochen wurden insbesondere
Probleme beim Transport in die geplanten Vernichtungsanlagen
und die Aufnahme von Judendeportationen in bereits »juden-
freien« Gebieten, wobei deutlich wurde, dass es dabei nur um
eine Effektivierung der Vernichtungspolitik ging. Diese Konferenz machte in ihrer bürokratischen Nüchternheit deutlich, dass
alle Bereiche des deutschen Staatsapparates, nicht nur die SS
und die Einsatzgruppen, Mittäter und Mitwisser der Vernichtungspolitik gewesen sind, genauso wie die lokalen Behörden
und die Reichsbahn, die bei der Zusammenstellung der Transporte in die Ghettos und Vernichtungslager im Osten in den
Jahren 1940 bis 1944 mitgewirkt haben.

Noch früher datiert der erste Kommandant des KZ
Auschwitz, Rudolf Höß, den Beginn der Vernichtungspolitik.
In seinen autobiographischen Aufzeichnungen behauptet er,
er habe im Sommer 1941 von Heinrich Himmler den Befehl
zur »Endlösung der Judenfrage« erhalten: »Der Führer hat die
Endlösung der Judenfrage befohlen. Wir, die SS, haben diesen
Befehl durchzuführen. Die bestehenden Vernichtungsstellen im
Osten sind nicht in der Lage, die beabsichtigten großen Aktio-
nen durchzuführen. Ich habe daher Auschwitz dafür bestimmt.«
(Höß, Aufzeichnungen, S. 157)

Doch eines formellen Befehls von Hitler bedurfte es für
diese Vernichtungspolitik nicht. Es entsprach der gemeinsamen
Überzeugung aller Tatbeteiligten, dass die Vernichtung von Juden und aller als »Untermenschen« deklarierten Bevölkerungsgruppen durch alle Ebenen umzusetzen sei. In diesem Rahmen
spielte der Ausbau des Lagerbereichs Auschwitz-Birkenau eine
zentrale Rolle.

Dieser Lagerbereich war jetzt nicht mehr zur Unterbringung sowjetischer Kriegsgefangener vorgesehen. Im Fokus stand

nun die praktische Verwirklichung der faschistischen Massenvernichtung jüdischer Menschen. Die Errichtung des Lagers
Auschwitz-Birkenau wurde daher im Jahre 1942 mit Hochdruck vorangetrieben, trotz schwieriger Arbeitsbedingungen
und fehlender Baugeräte. Das führte dazu, dass die Todesrate
unter den eingesetzten Kriegsgefangenen und Häftlingen enorm
hoch war. Als im Februar 1942 der Baugrund für den neuen
Lagerkomplex fertiggestellt war, war der Großteil der hierfür
Eingesetzten an Unterernährung, Typhus und anderen Krankheiten gestorben. Den Rest von wenigen hundert sowjetischen
Soldaten und einen Teil der Häftlinge überstellte die SS schließ-
lich im März 1942 in das neue Lager nach Birkenau.

Wie in Kapitel II geschildert, umfasste der Lagerkomplex
Auschwitz-Birkenau verschiedene Ausbaubereiche. Die Pläne
sahen eine rechteckige Bebauung mit einigen gemauerten Baracken und zahlreichen Pferdeställen zur Unterbringung der
Häftlinge vor. Die einzelnen Barackenbereiche wurden durch
Stacheldrahtverhaue voneinander getrennt, und am Zugang zu
den jeweiligen Bereichen befanden sich Wachhäuser der SS-
Mannschaften und die jeweiligen Gemeinschaftseinrichtungen,
wie die Küchenbaracke und zum Teil die Sanitäreinrichtungen.

Um die Ankunft der Deportierten zu beschleunigen, wurde
1944 die berüchtigte Bahnsteigrampe zwischen den Gefange-
nenlagern B I und B II errichtet, auf der die Züge durch das
bekannte Torhaus direkt vom Güterbahnhof in das Lager ein-
fahren konnten. Auf dieser Rampe wurden die Selektionen
durchgeführt, nachdem sie zunächst an der Judenrampe im
Güterbahnhof von Auschwitz stattgefunden hatten.

Zusätzlich wurden – entsprechend der geplanten Dimension der Massenvernichtung – zuerst zwei separate Gaskammern, später die kombinierten Gaskammern mit Krematorium I und II sowie im Bauabschnitt B II die Krematorien IV
und V errichtet, ebenfalls als kombinierte Einrichtung zur Tötung und direkten Beseitigung der Leichen.

Weitere Gebäudeteile, die für das Funktionieren des Lagers genutzt wurden, befanden sich außerhalb des Lagerbereichs für die Häftlinge, wie das Wasserwerk oder die Kläranlage, die eine eher provisorische Entsorgung der Latrinen erreichen sollte.

Das gesamte Lager wurde durch einen mittels Hochspannung gesicherten Zaum abgesperrt. In dieser Umzäunung befanden sich auch 30 hölzerne Wachtürme, von denen aus das gesamte Lager von den SS-Wachmannschaften überblickt werden konnte. Annäherung an den Zaun galt bereits als »Fluchtversuch« und sollte von den Wachmannschaften mit Gewehrschüssen verhindert werden. Zeugenberichte sprechen von mehreren hundert Toten, die wegen Annäherung an den Absperrzaun erschossen wurden.

Der Beginn der Ermordung mit Zyklon B

Zu den schlimmsten Verbrechen in Auschwitz gehört die systematische Tötung von Häftlingen mit Giftgas, genauer gesagt mit Zyklon B, weshalb das Lager zurecht als Vernichtungslager bezeichnet wird. Massentötungen mit Gas hat es bereits vorher in anderen KZ und Haftstätten gegeben. Erinnert sei an die »grauen Busse«, bei denen in den »Euthanasie-Einrichtungen« zur Ermordung von Kranken Abgase in den Fahrgastraum geleitet wurden. Morde mit Giftgas gab es auch in anderen Einrichtungen, insbesondere in den Vernichtungslagern Belzec, Majdanek und Sobibor. In Auschwitz wurde diese Methode jedoch in einem solchen Maß »perfektioniert«, dass die Nazis ihrem Ziel der Ausrottung großer Menschengruppen nahe kamen.

Nach anfänglichen Versuchen, die SS-Hauptsturmführer Karl Fritsch schon im August 1941 an sowjetischen Kriegsgefangenen vorgenommen hatte, kam es Anfang September zu einer ersten größeren Mordaktion. Dafür wurden im Stammlager der Block 11 (früher als Block 13 bezeichnet) geräumt und unter Anleitung der SS Umbauarbeiten durchgeführt, die eine Luftzufuhr von außen verhindern sollten; Kellerfenster wurden zugeschüttet und die Eingangstür zum Kellergeschoss hermetisch abgedichtet.

Wie Zeugen berichteten, wurde am Abend des 3. September 1941 eine Ausgangssperre im Lager verkündet, Häftlinge durften nicht einmal an den Fenstern der Blocks stehen. Am späten Abend wurden etwa 600 sowjetische Kriegsgefangene, die man entweder für politische Kommissare hielt oder in anderer Hinsicht als Gefahr betrachtet hatte, unter massiver SS-Bewachung zum Keller des Blocks 11 getrieben. Etwa 250 polnische Häftlinge, die in der Krankenstation selektiert worden waren, wurden in diese Vernichtungsaktion einbezogen. Sie waren bereits am späten Nachmittag in den Bunker gebracht worden, Nicht-Gehfähige wurden von Mithäftlingen getragen und im Keller des Blocks abgelegt. Nachdem nun alle im Keller zusammengepfercht waren, wurden von außen durch Öffnungen in der Tür Zyklon-B-Dosen in den Raum geworfen, wo sich die gebundenen Kristalle durch die Verbindung mit Sauerstoff und der Körperwärme der Häftlinge zu einem tödlichen Gas entwickelten. Ein Häftling berichtete, dass am nächsten Morgen noch nicht alle Häftlinge tot waren und SS-Männer mit Gasmasken zusätzliches Zyklon B im Keller verteilten. Erst nach etwa 16 Stunden wurden die Türen geöffnet und die Räumlichkeit entlüftet. Am nächsten Tag wurden von Häftlingssanitätern die Leichname aus dem Keller geborgen. Jan Wolny, Häftlingssanitäter im Chirurgischen Block, berichtete:

»Was ich nach dem Betreten der Keller sah, werde ich nie vergessen. … In wirrem Durcheinander lagen dort die vergasten, ineinander verklammerten toten Leiber von Häftlingen und sowjetischen Kriegsgefangenen. Augen und Münder hatten sie weit aufgerissen. Beim Tragen und Entkleiden der Leichen stellte ich fest, dass viele der Vergasten sich Lappen in Mund

und Nase gestopft hatten; offensichtlich hatten sie sich auf diese Weise vorm Ersticken und der Vergiftung schützen wollen. … Eine Gruppe trug die Leichen, eine andere entkleidete sie und lagerte sie auf dem Hof. … Am nächsten Tag wurden wir auch gezwungen, die Leichen auf Rollwagen zu laden und ins Krematorium zu fahren. Im Lager herrschte Blocksperre. Jeder Leichnam wurde von zwei Sanitätern an Armen und Beinen gepackt und dann mit einem Schwung auf den Wagen geworfen. Die Sanitäter, die auf dem Wagen waren, stapelten die leblosen, steifen Leiber in mehreren Schichten, hoch über den Wagenkasten. Den so beladenen Wagen schoben wir durch das ganze Lager ins Krematorium.« (zit. nach Auschwitz-Hefte, Bd. 1, S. 272 f.)

Da das Krematoriums-Kommando für die Verbrennung der Leichen mehrere Tage benötigte, wurde zusätzlich ein Massengrab ausgehoben, in dem zahlreiche Leichen – mit Kalk überschüttet – vergraben wurden. Die Geheimhaltung dieses Verbrechens war damit durchbrochen und eine Nachricht darüber gelangte nach außerhalb: Am 17. November 1941 veröffentlichte das Oberkommando des Verbandes des polnischen bewaffneten Widerstandes eine Notiz über die Vergasung von 600 sowjetischen Kriegsgefangenen und 250 polnischen Häftlingen. Doch dieser Bericht schien so monströs zu sein, dass Außenstehende – selbst aus anderen Haftstätten – ihn für kaum glaubhaft hielten.

Anders sah es dagegen der Lagerkommandant Rudolf Höß, der sich von den Ergebnissen des Massenmordes persönlich überzeugt hatte und in einem anschließenden Bericht nach Berlin Adolf Eichmann über die Möglichkeit der Massentötung mit Zyklon B informierte. Um das Verfahren in Auschwitz selber zu verbessern, wurde als neuer Ort der Tötung durch Gas die ebenerdige Leichenhalle des Krematoriums I im Stammlager, teilweise als Leichenkeller bzw. Leichenraum bezeichnet, für den Massenmord hergerichtet. In die Decke wurden Einwurflöcher für die

Zyklon-B-Dosen geschlagen, die Fenster und Türen hermetisch abgedichtet. Da der Raum über eine Lüftung mittels eines Gebläses verfügte und man durch die Einwurf-Löcher das Zyklon B besser verteilen konnte, war ein reibungsloser Betrieb möglich. Am 16. September 1941 wurden erstmals 900 Kriegsgefangene in der Leichenhalle des Krematoriums I vergast. Der Raum wurde von diesem Zeitpunkt an als Gaskammer verwendet, bis die Vergasungen in die Anlagen im KZ Auschwitz-Birkenau verlegt wurden. Die Massentötungen in dieser Einrichtung stießen jedoch an eine Grenze, die durch die vorhandenen Krematorien gesetzt wurde. Das ursprüngliche, von der Erfurter Firma Topf & Söhne in Auschwitz errichtete Krematorium konnte nur ungefähr 340 Leichen pro Tag verbrennen. Das hatte sich schon bei der ersten Vergasung als Problem dargestellt.

Der Ausbau der Tötungseinrichtungen

Anlässlich eines Besuches von Adolf Eichmann in Auschwitz, der nach unterschiedlichen Quellen Ende 1941 / Anfang 1942 stattfand, wurde das Thema erörtert, und Höß bekam den Auftrag, in Birkenau weitere Vergasungsanlagen aufzubauen und die dort angelegten Krematorien zur Verbrennung der Leichen zu nutzen. Als erste Einrichtung wurde ein am Rande des Lagergeländes befindliches Bauernhaus, es war ein roter Steinbau, als Bunker I umgebaut. Die Grundfläche betrug 90 qm und fasste zwei Gaskammern. Die Türen wurden verstärkt und abgedichtet, die Fenster zugemauert. Über der Eingangstür wurde ein Schild angebracht »Zum Bad«. Zur Vergasung wurde Zyklon B durch Öffnungen an der Seitenwand eingeworfen. Ein Arbeitskommando von ca. 20 Männern holte die Leichen aus der Gaskammer und vergrub sie in einem Massengrab neben dem Bauernhaus.

Ende März 1942 fanden in dieser Gaskammer die ersten Tötungen jüdischer Häftlinge statt. Am 4. Mai wurden 1000 kranke Lagerinsassen vergast, im Laufe des Monats wurden weitere 5200 Juden aus der umliegenden Gegend ermordet. Am 4. Juli 1942 traf der erste Transport mit Juden aus der Slowakei ein, die im »roten Haus« umgebracht wurden. Bis zum Frühjahr 1943 wurde dieser Bunker I zur Massentötung genutzt, bevor er abgerissen wurde. Die zweite Tötungsanlage wurde im Bunker II, ebenfalls einem umgebauten Bauernhaus, errichtet. Das Gebäude wurde wegen seines Putzes »weißes Haus« genannt. Es lag etwas abseits am Waldrand und wurde von Mitte 1942 bis zum Frühjahr 1943 und von Mai 1944 bis in den Herbst 1944 als Gaskammer genutzt. In diesem Gebäude befanden sich vier unterschiedlich große Gaskammern, die mit je zwei Türen versehen waren. Die Entlüftung und der Abtransport der Leichen wurden damit wesentlich vereinfacht.

Im ersten Halbjahr 1943 gingen dann vier Krematorien in Betrieb, von denen zwei im Untergeschoss Gaskammern von je 210 Quadratmetern Grundfläche enthielten. Die beiden anderen Krematorien hatten oberirdische Gaskammern von je 236 Quadratmetern Gesamtfläche. Vier Baufirmen waren vor Ort am Bau beteiligt. Während die SS-eigenen Deutschen Ausrüstungswerke (DAW) für den Bau der Türen und Fenster verantwortlich waren, wurden die Verbrennungsöfen (Krematorien) und die Lüftungsanlagen der Gaskammern wiederum von der Erfurter Firma J. A. Topf & Söhne konstruiert, eingebaut, gewartet und repariert.

Die Massendeportation europäischer Juden nach Auschwitz

Als Leiter des Referats IV D 4 bzw. IV B 4 im Reichssicherheitshauptamt (RSHA) war Adolf Eichmann für die gesamte Organisation der Deportation der Juden aus Deutschland und den besetzten europäischen Ländern zuständig. Ihm unterstand die Koordination sämtlicher Transporte. Gemeinsam mit den Verantwortlichen der Reichsbahn sorgte er für die Einhaltung der Fahrpläne und die Zusammenstellung und Auslastung der Eisenbahnzüge, die die Menschen in die Ghettos und Konzentrationslager transportierten.

Die ersten Deportationszüge kamen aus dem Deutschen Reich, allein vom Bahnhof Berlin-Grunewald fuhren etwa 35 Züge mit 17.000 Juden aus dem Raum Berlin nach Auschwitz. Auch wenn es noch nicht über alle Transporte gesicherte Informationen gibt – insbesondere für die Transporte aus Südosteuropa besteht noch Klärungsbedarf –, geht man heute von etwa 650 Transporten im Auftrag des RSHA mit über einer Million Juden aus, die nach Auschwitz-Birkenau zur Vernichtung geleitet wurden. Der Holocaustforscher Raul Hilberg nennt in seiner Untersuchung »Sonderzüge nach Auschwitz« Gründe für diese Unsicherheit in der historischen Forschung: »Heute ist die Beteiligung der Reichsbahn am Vernichtungsprozess ein Geheimnis, das gewissenhafter als zu Zeiten der Sonderzüge gehütet wird. Und wenn das heutige Deutschland insgesamt gesehen ruhig an diesem Begräbnis der Vergangenheit teilnimmt, dann hat es gute Gründe für sein Stillschweigen … Es handelt sich vielmehr um das eher grundsätzliche Problem der wahren Beschaffenheit Nazi-Deutschlands … Kurz gesagt, die Funktion der Reichsbahn bei der Vernichtung der Juden eröffnet Fragen über das Wesen des gesamten Nazi-Regimes. In all den Jahren hat man die Reichsbahn nicht als einen beachtenswerten Bestandteil einer politischen Ordnung angesehen, obwohl sie … ein unerlässliches Element in der Vernichtungsmaschinerie bildete … Die tiefgreifende Einbeziehung der Reichsbahn in den Vernichtungsprozess des Dritten Reichs ist eine Tatsache, die nicht länger als nebensächlich und unbedeutend abgetan werden darf.« (Raul Hilberg, Sonderzüge nach Auschwitz, S. 111) Außerdem war die Beteiligung an der Vernichtungspolitik für die Reichsbahn durchaus lukrativ. So berechnete sie für jeden deportierten Juden 0,04 RM pro Schienenkilometer. Damit entsprach der Tarif den Fahrkartenpreisen der dritten Klasse. Für Kinder wurde nur die Hälfte berechnet. Da die Deportationszüge zumeist als Überstellung jüdischer Menschen in ein Arbeitslager im Osten Polens deklariert wurden, verlangte die SS von den Opfern der Deportation, dass sie die Transportkosten in die Vernichtungslager selber zu bezahlen hatten. Nur wer nicht in der Lage war, diese Summen aufzubringen, bekam vom RSHA eine Fahrkarte gestellt. Für die Deutsche Reichsbahn und die anderen an den Deportationen beteiligten Eisenbahngesellschaften war dies ein lohnendes Geschäft.

Erst vor wenigen Jahren war die Deutsche Bahn AG bereit, sich zu diesen Verbrechen zu positionieren, nachdem zuvor bereits eine zivilgesellschaftliche Initiative in einer Wanderausstellung unter dem Titel »Mit der Reichsbahn in den Tod« die Deportation von 11.000 Kindern nach Auschwitz dokumentiert hatte. 2019 hat auch die niederländische Staatsbahn sich in einer deutlichen Erklärung zu ihrer Beteiligung an den Deportationen bekannt und den niederländischen Opfern und ihren Angehörigen eine symbolische Entschädigung zugesagt.

Die größten Deportationstransporte kamen aus Frankreich (69.000 Juden), den Niederlanden (60.000 Juden), Belgien (25.000 Juden), Deutschland/Österreich (23.000 Juden), Italien (7.500 Juden), der Slowakei (27.000 Juden), Tschechien (damals als Protektorat Böhmen und Mähren bezeichnet)/Ghetto Theresienstadt (46.000 Juden), Jugoslawien (10.000 Juden), Griechenland (55.000 Juden), Polen (300.000 Juden) und Ungarn (438.000 Juden). Aus der Sowjetunion kamen keine Judendeportationen nach Auschwitz, weil im Zuge des Vernichtungskrieges die jüdische Bevölkerung bereits vor Ort von der Wehrmacht und den Einsatzgruppen der SS ermordet wurde. Zu einigen dieser Deportationen sollen im Folgenden Details dargestellt werden.

Die Deportationen aus Frankreich und Belgien

Ausführlich sind die Deportationen aus Frankreich und Belgien belegt. Serge Klarsfeld hat in mehreren umfangreichen Studien zur »Endlösung der Judenfrage« in diesen beiden Ländern umfangreiches Material – auch aus den Unterlagen der Besatzer – ausgewertet. So konnte er nachzeichnen, dass bei den 43 Deportationszügen im Jahr 1942 bis Ende Juli gut 90 % der in Auschwitz eintreffenden Häftlinge im Lager Birkenau aufgenommen wurden, während von August an – verbunden mit der Fertigstellung der Tötungseinrichtungen – die überwiegende Mehrzahl sofort der Vernichtung zugeführt wurde. In den Jahren 1943 und 1944 wurden von den über 30 Deportationszügen gut zwei Drittel der Ankommenden unmittelbar getötet und nur etwa 8200 Männer und Frauen ins Lager aufgenommen. Klarsfeld kann eine Zahl von knapp 76.000 Deportierten nachweisen, von denen über 10.000 Kinder und Jugendliche waren. (vgl. Statistiken in Serge Klarsfeld, Vichy – Auschwitz, 1989, S. 330)

Diese Transporte funktionierten nur, weil nicht nur die Besatzungsmacht, sondern auch die französische Administration des »unbesetzten Frankreichs«, also die Pétain-Regierung, sich aktiv an der Erfassung und Zuführung der in Frankreich lebenden jüdischen Menschen beteiligte. Zuerst wurden diejenigen deportiert, die als Flüchtlinge aus Deutschland und anderen Ländern in Frankreich Schutz gesucht hatten. Die verhafteten Juden aus dem Großraum Paris wurden erst im Velodrom d'Hiver eingesperrt, bevor sie vom Sammellager Drancy aus nach Auschwitz deportiert wurden. In einem der Transporte waren auch zwei Geschwister des deutschen Widerstandskämpfers Peter Gingold, die im Rahmen einer Verhaftungsaktion in die Fänge der französischen Polizei geraten waren. Sie sind entweder auf dem Transport gestorben oder direkt zur Vernichtung ins Gas geführt worden. Zu ihnen findet man in Auschwitz keine Unterlagen.

Die Probleme der Nazis bei der Deportation waren allenfalls logistischer Natur. So beklagte sich der »Leiter des Judenreferates« in Paris, SS-Hauptsturmführer Theodor Dannecker, in einem Schreiben vom Juni 1942 beim RSHA in Berlin: »In den letzten Wochen sind zur Vorbereitung der Operationen im Osten 37.000 Güterwagen, 800 Personenwagen und 1000 Lokomotiven allein aus dem französisch besetzten Gebiet schlagartig nach dem Reich verbracht worden ... Die Wagen wurden so dringend abgefordert, dass noch nicht einmal mehr eine Beladung möglich war, sondern dass sie als Leerzüge nach dem Reich in Marsch gesetzt werden mussten.« (zit. nach Klarsfeld, Vichy – Auschwitz, S. 381)

Auch in Belgien begannen im Jahr 1942 die Deportationen von Juden nach Auschwitz. Schon im September 1942 konnte der deutsche Militärbefehlshaber in seinem Tätigkeitsbericht 21 formulieren: »Die Aktion wurde zunächst als Arbeitseinsatzmaßnahme durchgeführt und erstreckte sich daher vor allem auf arbeitseinsatzfähige Juden und Jüdinnen. Erst aufgrund späterer Weisung des Reichssicherheitshauptamtes erhielt sie den Charakter einer allgemeinen Evakuierung der Juden, so dass daher in letzter Zeit auch nicht voll arbeitsfähige Juden abtransportiert werden.« (Die Endlösung der Judenfrage in Belgien, S. 141) In mehreren Großaktionen, u. a. Anfang September 1943, wurden insgesamt etwa 26.000 belgische Juden verhaftet, in das Sammellager Mecheln (Mechelen) gebracht und von dort aus »ins Reichsgebiet«, richtiger: nach Auschwitz, deportiert.

Nicht vergessen werden soll, dass es belgischen Widerstandskämpfern gelang, am 19. April 1943 den 20. Deportationszug durch eine Sprengung an der Eisenbahnstrecke zum Halten zu bringen und die Flucht aller in diesem Zug befindlichen Juden zu ermöglichen. Gut Zweidrittel der durch die Partisanen Befreiten überlebten mit Hilfe des Widerstands die Besatzungszeit.

Die Deportationen aus Griechenland

Im Rahmen der »Endlösung der Judenfrage« wurden im Jahre 1943 auch in Griechenland die Deportationen in die Vernichtungslager vorbereitet. Das RSHA entsandte als Sonderbeauftragte die SS-Hauptsturmführer Dieter Wisliceny und Alois Brunner nach Thessaloniki. Sie hatten die Aufgabe, die deutsche Militärverwaltung bei der Deportation der Juden aus dieser Region nach Auschwitz zu unterstützen. Zuvor waren im deutschen Besatzungsgebiet bereits die »Judengesetze« eingeführt worden. Sie bedeuteten Entrechtung, Raub jüdischen Eigentums, Kennzeichnungspflicht mit Judenstern und Umsiedlung der griechischen Juden in besondere Ghettobezirke.

Schon Mitte März 1943 verließ der erste Deportationszug Thessaloniki in Richtung Auschwitz. Bei den folgenden siebzehn Deportationen bis Mitte August 1943 wurden nahezu alle Juden der großen Gemeinde in Thessaloniki und weiterer Orte in den griechischen Ostprovinzen verhaftet und nach Auschwitz-Birkenau verschleppt. Dabei wurde keine Unterscheidung zwischen »arbeitsfähigen« und »nicht-arbeitsfähigen« Juden getroffen, da ihr vorrangiges Schicksal die Vernichtung sein sollte. Allein in dieser fünfmonatigen Welle wurden über 45.000 griechische Juden nach Auschwitz deportiert.

Damit waren aber die Verfolgungen noch nicht beendet. Am 9. Juni 1944 wurden auf Korfu über 1700 Juden verhaftet, im Juli 1944 über 1600 auf Rhodos und der Nachbarinsel Kos. Sie alle wurden mit Schiffen nach Athen verschleppt und in dem KZ Chaidari festgesetzt, bevor sie im Juli und August 1944 von Athen aus per Zug nach Auschwitz-Birkenau deportiert wurden.

Die Deportationen aus Theresienstadt

Von besonderer Infamie geprägt war die Deportation von über 17.500 Juden aus dem Ghetto Theresienstadt. Im Rahmen der Verschleppung jüdischer Menschen aus den okkupierten Ländern wurde die Kollaboration der jeweiligen Regierungen auch dadurch erreicht, dass die deutschen Besatzer die Behauptung verbreiteten, Juden kämen in Arbeitslager und Ghettos im Osten. Als »Vorzeigeeinrichtung« wurde das Ghetto Theresienstadt in einer alten Festungsstadt nördlich von Prag geschaffen. Als jedoch auf Veranlassung der dänischen Regierung eine Kommission des Internationalen Komitees des Roten Kreuzes (IKRK) das Ghetto besichtigen wollte, wurden im September 1943 über 5000 Menschen aus dem Ghetto nach Auschwitz deportiert. So sollte der Eindruck der Überbelegung des Ortes vermieden werden. Um aber die aus Theresienstadt verschleppten dänischen Juden bei einer möglichen Nachfrage des IKRK bereithalten zu können, wurden sie in Auschwitz-Birkenau in dem sogenannten »Theresienstädter Familienlager« (B IIb) untergebracht. Es war ein abgegrenzter Bereich, der sogar einen eigenen Blockführer und einen deutschen »grünen Winkel«-Blockältesten hatte.

Obwohl dieser Bereich »Familienlager« genannt wurde, konnten die Häftlinge nicht direkt im Familienverband zusammenleben, da Männer in Häftlingsblöcken mit geraden Nummern und Frauen sowie Kinder in Blöcken mit ungeraden Nummern untergebracht waren. Einige wenige Vergünstigungen wurden den Häftlingen jedoch zugestanden, da man sie für potenzielle Zeugenaussagen zu nutzen gedachte. Sie durften im Lager Zivilkleidung tragen und sich die Haare wachsen lassen. Die Häftlinge des Theresienstädter Familienlagers durften Pakete empfangen und sogar – natürlich unter Zensur – Briefe an ihre Angehörigen schreiben. Diesen Umstand machte sich die SS für eine Propagandaaktion zu Nutze. So mussten Häftlinge vor ihrer Ermordung vordatierte Postkarten an Angehörige im Ghetto Theresienstadt schicken, die suggerieren sollten, dass es ihnen »gut« gehe. In Wirklichkeit waren sie, als die Karten auf dem Postweg waren, bereits ermordet worden. Im Dezember 1943 folgten zwei weitere Transporte, so dass Ende 1943 über

10.000 Ghettobewohner nach Auschwitz kamen, von denen über 1500 allein an den Haftbedingungen gestorben waren.

Besonders zynisch waren die Bedingungen der letzten Transporte. Im Februar 1944 ließen die Nazis von dem jüdischen Regisseur Kurt Gerron im Ghetto Theresienstadt den Propagandafilm »Der Führer schenkt den Juden eine Stadt« drehen. Er sollte das »jüdische Wohlleben« im Osten zeigen und zur Beruhigung auch der deutschen Bevölkerung in den Kinos und Wochenschauen gezeigt werden. Sobald die Dreharbeiten jedoch abgeschlossen waren, wurden die meisten Schauspieler und auch Gerron selbst mit den drei großen Transporten vom Mai 1944 nach Auschwitz-Birkenau verschleppt. Bis Mai 1944 wurden insgesamt 17.517 Menschen aus Theresienstadt in das Theresienstädter Familienlager in Auschwitz-Birkenau deportiert, von denen nur 1167 den Holocaust überlebten.

Da es für die Nazi-Administration im Sommer 1944 keinen Grund mehr gab, die ehemaligen Ghettobewohner zu schonen, wurde im Juli 1944 eine Selektion durchgeführt, wobei etwa 3000 Männer und Frauen als »arbeitsfähig« in Außenlager anderer KZ überstellt wurden. Die etwa 7000 verbliebenen Insassen des Familienlagers wurden Anfang Juni 1944 vergast, das Familienlager wurde aufgelöst.

Die Deportationen aus Ungarn

Die größte und verheerendste Einzelaktion im Rahmen der »Endlösung der Judenfrage« richtete sich offiziell von Mitte Mai bis Mitte Juli 1944 gegen die ungarischen Juden. Die ungarische Regierung unter Horthy war zwar treuer Verbündeter des deutschen Faschismus im Zweiten Weltkrieg, hatte aber keine Ambitionen gezeigt, eine antisemitische Rassepolitik gegen die gut 600.000 ungarischen jüdischen Menschen umzusetzen. Das änderte sich dramatisch, als am 19. März 1944 Einheiten der Wehrmacht und der SS in Ungarn einmarschiert waren und de facto zu erheblichen Teilen die Macht im Land übernahmen. Es begann Anfang April mit der Ghettoisierung und der Anordnung, Juden als Arbeitskräfte für die deutsche Kriegswirtschaft zur Verfügung zu stellen. Dass in diese Deportationen auch Greise und Kleinkinder einbezogen werden sollten, führte nicht zu Zweifeln bei den ungarischen Kollaborateuren. Eichmann selber übernahm mit seinem Stab die Organisation der Deportationstransporte.

Insgesamt wurden nach ungarischen Angaben bis zum offiziellen Stopp der Deportationen Anfang Juli mit 147 Zügen 434.351 Menschen abtransportiert, davon der größte Teil in den ersten drei Wochen (15.5.–7.6.), nämlich 288.333 Menschen. Ein großer Teil der Deportierten wurde – nach der Selektion auf der Rampe – gleich nach der Ankunft in Auschwitz in die Gaskammern getrieben. Über deren Zahl gibt es jedoch nur Schätzungen. Als »arbeitsfähig« selektierte Häftlinge blieben oft nur kurze Zeit im Lager Auschwitz. Zumeist wurden sie schon nach einigen Tagen entweder in ein Arbeitslager außerhalb des Stammlagers gebracht oder direkt in andere Konzentrationslager »überstellt«. So wurden im Rahmen dieser Transporte mehrere Außenlager des KZ Buchenwald, in denen weibliche Häftlinge ausgebeutet wurden, errichtet. Aber auch in diesen Lagerbereichen war die Todesrate sehr hoch: durch Zwangsarbeit, Unterernährung, mörderische sanitäre Verhältnisse und minimale medizinische Versorgung, Brutalitäten des Wachpersonals, im Winter dann auch durch Erfrierungen und in den letzten Kriegswochen durch die »Todesmärsche«, die Evakuierung der Lager zu Fuß.

Obwohl Horthy am 6. Juli 1944 offiziell die Einstellung der Deportationen anordnete, ließ Eichmann noch mindestens drei weitere Deportationszüge aus Ungarn nach Auschwitz fahren. Erst nach einer Anweisung Himmlers am 25. August endeten die Deportationen. Die Zahl von über 430.000 Deportierten überforderte auch die SS in Auschwitz. Daher wurde zusätzlich die Gaskammer im Bauernhaus »Bunker II« wieder in Betrieb genommen, und zwar unter der Bezeichnung »Bunker V« bzw. »Freianlage«.

Die Selektion – Vorbereitung der Vernichtung

Die Ankunft in Auschwitz erfolgte an einer Eisenbahnrampe entweder beim Stammlager oder am Güterbahnhof der Kleinstadt. Von dort wurden die Gefangenen dann ins Lager getrieben. Ab Mai 1944 hatte das Lager Birkenau einen eigenen Gleisanschluss, so dass die Züge direkt bis an die Vernichtungsanlagen heranfahren konnten. Nach langer und quälender Fahrt öffneten sich für die Ankommenden die Waggontüren. Unter Schlägen und Schreien wurden Männer, Frauen und Kinder hinausgetrieben, von allen Seiten brachen schimpfendes Gebrüll und bellende Hunde auf sie los. Das Tageslicht (oder grelle Scheinwerfer in der Nacht) blendete die von der Fahrt Geschwächten. Häufig wussten sie nicht einmal, wo sie waren, und zumeist verstanden sie auch nicht die auf Deutsch gebrüllten Befehle und Anordnungen. Wenn alle noch lebenden Deportierten ins Freie getrieben waren, räumte ein Häftlings-Arbeitskommando die Leichen und das zurückgelassene Gepäck aus den Waggons.

An der Eisenbahnrampe mussten sich die neu Angekommenen in zwei getrennten Reihen aufstellen: Frauen und Kinder auf der einen Seite, Männer auf der anderen. Familien wurden erbarmungslos auseinandergerissen. Hier erfolgte jetzt die »Selektion«. Einzeln mussten die Menschen vortreten, damit ein SS-Arzt sie nach einem flüchtigen Blick durch eine kurze Handbewegung nach rechts oder links in »Arbeitsfähige« und »Arbeitsunfähige« unterteilte.

Die Kriterien der Einordnung waren für die Ankommenden nicht nachvollziehbar. Zuerst einmal wurden Ältere und Greise ausgesondert, ebenfalls Kinder und schmächtige Jugendliche. Alle diejenigen, die durch die Fahrt so geschwächt oder krank waren, dass sie sich nicht mehr alleine auf den Beinen halten konnten, wurden ebenfalls als »arbeitsunfähig« ausgesondert.

Da bei größeren Transporten diese Systematik schnell erkennbar wurde, versuchten insbesondere junge Frauen und

Mädchen sich älter zu machen, um bei den »Arbeitsfähigen« zu landen. Teilweise erklärte die SS den Ankommenden, wer sich zu schwach zum Arbeiten fühle, könne sich melden und käme auf die Krankenstation. Esther Bejarano erlebte, wie bei ihrer Ankunft am Güterbahnhof die SS kranke, ältere und gehbehinderte Menschen, Mütter mit kleinen Kindern und Schwangere aufforderte, auf LKWs zu steigen, da der Weg ins Lager sehr weit sei.

> »Viele stiegen bereitwillig auf die Autos. Einige junge Menschen, die mit ihren Eltern mitgehen wollten, wurden aufgehalten. Ihnen wurde gesagt, sie könnten auch laufen. Die Autos fuhren direkt in die Gaskammern, aber das wussten wir damals noch nicht.« (Bejarano, Wir leben trotzdem, S. 78)

Wie viele Menschen als »arbeitsfähig« selektiert wurden, richtete sich auch nach der Bedarfslage der SS und ihrer Abnehmer von Arbeitskräften. Diesen Unternehmen war zwar nur an einsatzfähigen Häftlinge gelegen, die unterschiedslose massenhafte Vernichtung auch arbeitsfähiger Menschen wie bei den Transporten aus Frankreich stand diesem Interesse aber entgegen. Ein solches Vorgehen entsprach ab 1943 also nicht mehr den Notwendigkeiten der faschistischen Kriegswirtschaft mit ihrem wachsenden Bedarf an Arbeitskräften.

Die als »arbeitsfähig« eingestuften Menschen wurden unter SS-Bewachung in das Lager gebracht, registriert und zuerst in den Quarantäneblocks untergebracht, bevor sie auf die entsprechenden Blocks verteilt werden konnten.

Für die anderen galt das gnadenlose Ritual der Vorbereitung auf die Vernichtung. Sie wurden ebenfalls unter SS-Bewachung und angetrieben durch Schreie und Schläge zu den Gebäuden mit den Gaskammern gebracht. Dort wurden die Gruppen – mit Hinweis auf vorgeblich notwendige Hygiene – aufgefordert, sich komplett zu entkleiden, Schmuck, Brillen

und Prothesen waren abzulegen, den Frauen wurde von Häftlingen das Haupthaar geschoren. Anschließend wurden die
Gruppen in die angeblichen Duschräume getrieben. Bevor die
Menschen realisiert hatten, dass es sich dabei um Attrappen
handelte, waren bereits die Türen versperrt, und die Ermordung mit Zyklon B begann.

Die Ermordung

Nachdem sich die Ermordung mit Zyklon B in den Augen der
SS als effektiv erwiesen hatte, wurde mit der IG-Farben-Tochter
DEGESCH in Frankfurt/M. ein Liefervertrag vereinbart. Die
Ware war direkt an den Bestimmungsort, nämlich das KZ
Auschwitz, zu liefern. Als normales Frachtgut ausgewiesen,
wurde zur Tarnung der Abläufe als Empfangsadresse genannt:
»Konzentrationslager Auschwitz, Abt. Entwesung und Ent-
lausung«. Die Abrechnung erfolgte direkt über Berlin bei SS-
Obersturmführer Kurt Gerstein. Dass man mit der Ermordung
der über 1,1 Millionen Häftlinge noch lange nicht am Ende der
geplanten Vernichtung angekommen war, zeigt auch die Menge
von Kisten und Dosen von Zyklon B, die sich bei der Befreiung
des Lagers noch im Bestand befanden.

Der eigentliche Vorgang der Ermordung ist hinlänglich
bekannt und durch verschiedene Zeugenaussagen belegt. So
wurde das Zyklon B über Öffnungen, die sich an der Decke
befanden, in die Gaskammer eingeleitet. Es wurde in eine aus
Drahtgitter und Blech bestehende Vorrichtung eingeführt und
an einer Schnur oder einem Draht in diese Säulen abgelassen.

Der Häftling Michal Kula, der in der Häftlingsschlosse-
rei diese Drahtgittersäulen herstellen musste, beschrieb sie im
Prozess gegen Rudolf Höß so präzise mit allen technischen Details, dass es keinen Zweifel geben konnte, wie diese Einwurf-
Vorrichtungen aussahen:

»Unter anderem wurden in der Schlosserei die falschen Duschen für die Gaskammern und die Netzsäulen zur Einschüttung der Zyklongranulate in die Gaskammern hergestellt. Diese Säule war 3 Meter hoch, mit einem Durchmesser von ca. 70 cm. Diese Säule bestand aus drei ineinander eingefügten Netzen. Das äußere Netz war aus 3 mm dickem Eisendraht gefertigt, der auf 50 × 10 mm messenden Eckpfeilern aufgespannt war. Diese Eckpfeiler befinden sich in allen Ecken des Netzes und waren im oberen Teil durch einen Pfeiler desselben Typs miteinander verbunden. Die Maschen des Netzes waren viereckig und maßen 45 mm. Das zweite Netz war auf dieselbe Art gefertigt und im Abstand von 150 mm innerhalb des ersten installiert. Die Maschen dieses Netzes waren viereckig und maßen ca. 25 mm. Beide Netze waren in den Ecken durch eine Eisenstange verbunden. Der dritte Teil der Säule war mobil. Es war eine leere Säule aus dünnem Zinkblech mit einem Durchmesser von rund 150 mm. Oben mündete sie in einen Kegel und unten in ein flaches Viereck. Etwa 25 mm von den Rändern dieser Säule waren auf dünnen Blechstäben Eckpfeiler aus Blech angeschweißt. Über diese Eckpfeiler war ein feines Netz mit viereckigen Maschen von ca. 1 mm Größe gezogen. Dieses Netz endete am Fuß des Kegels; von da führte ein Rahmen aus Blech ganz nach oben bis zur Spitze des Kegels. Der Inhalt einer Zyklonbüchse wurde von oben in den zur Ausstreuung [der Granulate] dienenden Kegel geschüttet, und so wurde eine gleichmäßige Verteilung des Zyklons auf allen vier Seiten der Säule erreicht. Nach der Verdunstung des Gases wurde die ganze innere Säule nach oben gezogen, und man nahm die entleerten Trägergranulate heraus.« (Michal Kula: Zeugenaussage im Gerichtsverfahren gegen Rudolf Höß am 11. Juni 1945 – The Case for Auschwitz, S. 206)

Der Tötungsprozess selber dauerte trotz solcher technischen Effektivierungen oftmals mehrere Stunden, insbesondere wenn sich in den Wintertagen die Wirkung des Gases aufgrund der niedrigen Temperaturen verlangsamte.

Nach jeder Mordaktion mussten die Gaskammern wieder geleert werden. Sonderkommandos, die auch in den Krematorien eingesetzt waren, öffneten die Türen und zerrten die Leichen heraus. Was dann mit den Leichen geschah, beschrieb der SS-Obersturmbannführer Kurt Gerstein in einem Bericht Anfang Mai 1945 in französischer Kriegsgefangenschaft: »Zwei Dutzend Zahnärzte öffnen mit Haken den Mund und sehen nach Gold. Gold links, ohne Gold rechts. Andere Zahnärzte brechen mit Zangen und Hämmern die Goldzähne und Kronen aus den Kiefern. ... Einige Arbeiter kontrollieren Genitalien und After nach Gold, Brillanten und Wertsachen.« (schriftliche Aussage des SS-Obersturmführers Kurt Gerstein vom 4. Mai 1945, www.ns-archiv.de)

Waren alle Wertsachen gesichert, wurden die Leichen zur Beseitigung freigegeben.

Die Beseitigung der Leichen und der Zeugen

Aus der Sicht der SS stellte die Beseitigung der Leichen die einzige praktische Herausforderung bei der Massenvernichtung dar. Schon bei der ersten Vergasungsaktion Ende 1941 kam das in Auschwitz vorhandene Krematorium an seine Kapazitätsgrenzen, so dass Leichen auch in Massengräbern verscharrt werden mussten. Da Massengräber aber später nachweisbar wären, erprobte die SS seit Sommer 1942 eine neue Art zur Beseitigung der menschlichen Überreste.

Unter Leitung von SS-Standartenführer Paul Blobel wurden seit Sommer 1942 einige Massengräber von Opfern der Mordaktionen der Einsatzgruppen der Sicherheitspolizei und des SD geöffnet und die Leichen verbrannt. Am 17. September 1942 reiste Höß in Begleitung von SS-Obersturmführer Franz

Hößler zu Blobel in das KZ Chelmno/Kulmhof, um sich diese Technik vorführen zu lassen. Die Leichen wurden auf Scheiterhaufen verbrannt und die Knochenreste mittels einer Knochenmühle zerkleinert. Nach seiner Rückkehr nach Auschwitz bestellte Höß bei der Firma Schriever AG in Hannover ebenfalls eine Knochenmühle.

In Auschwitz wurde diese Methode ab September 1942 umgesetzt. Die SS ließ von Häftlingen die Massengräber öffnen und die geborgenen Leichname auf einem Scheiterhaufen, der aus Eisenbahnschienen konstruiert wurde, öffentlich verbrennen. Später wurden Verbrennungsgruben von 30 m Länge, 7 m Breite und 3 m Tiefe angelegt, in denen die Leichen verbrannt wurden. Nachdem die Asche erkaltet war, wurden die Gruben geleert und die Knochenreste in der Asche zerkleinert. Die Asche wurde dann zur Soła, einem Nebenfluss der Weichsel, gefahren und an Stellen mit starker Strömung in den Fluss geschüttet. Ende November 1942 waren die Massengräber bei Bunker I und II beseitigt. Die Arbeit musste ein Sonderkommando mit jüdischen Häftlingen erledigen, wobei alle Angehörige dieses Kommandos Anfang Dezember 1942 als lästige Zeugen ebenfalls ermordet wurden.

Da diese Verbrennung der Leichen jedoch zeitaufwändig war, vereinbarte die SS mit der Firma Topf & Söhne aus Erfurt bei der Errichtung der Krematorien in Birkenau den Einbau deutlich leistungsstärkerer Verbrennungsöfen. Und die Firma lieferte. In einem Schreiben vom 29. Januar 1943 der zentralen Bauleitung von Auschwitz heißt es ganz sachlich: »Das Krematorium II wurde unter Einsatz aller verfügbaren Kräfte trotz unsagbaren Schwierigkeiten und Frostwetter bei Tag- und Nachtbetrieb bis auf bauliche Kleinigkeiten fertiggestellt. Die Öfen wurden im Beisein des Herrn Oberingenieur Prüfer der ausführenden Firma, Firma Topf u. Söhne, Erfurt, angefeuert und funktionieren tadellos. ... Die Firma Topf u. Söhne konnte infolge Waggonsperre die Be- und Entlüftungsanlage nicht wie von der Zentralbauleitung gefordert anliefern. Nach Eintreffen der Be- und Entlüftungsanlage wird jedoch mit dem Einbau sofort begonnen, so dass voraussichtlich am 20.2.43 die Anlage vollständig betriebsfertig ist.« (Kraus/Kulka, Massenmord, S. 125)

Und was die »Leistungsfähigkeit« der neuen Verbrennungsanlagen betraf, meldete der Leiter der Zentralbauleitung am 28. Juni 1943 voll Stolz die folgenden Zahlen nach Berlin: »Leistung der nunmehr vorhandenen Krematorien bei einer 24-stündigen Arbeitszeit:

Bezeichnung	Muffelöfen	Personen
altes Krematorium I	3 x 2	340
neues Krematorium i. K.G. I, II	5 x 3	1440
neues Krematorium III	5 x 3	1440
neues Krematorium IV	8	768
neues Krematorium V	8	768
		4756

(Kraus / Kulka, Massenmord, S. 127)

Damit konnte die Verbrennungskapazität der Krematorien gegenüber den ersten Jahren etwa auf das 14-Fache gesteigert werden. Doch selbst diese Zahlen waren der SS noch nicht ausreichend. Durch eine weitere technische Effektivierung wurde die »Leistung« noch weiter gesteigert. Für die Firma Topf & Söhne war es Grund genug, ein Patent anzumelden für einen »kontinuierlich arbeitenden Leichen-Verbrennungsofen für Massenbetrieb«. Das Patent wurde der Firma auch gewährt – im Januar 1953, also acht Jahre nach der Befreiung des Lagers Auschwitz, vom Bundespatentamt.

Aber auch bei diesen neuen Anlagen galt, was die SS schon in den ersten Jahren gegenüber den Häftlingen, die in solchen Sonderkommandos eingesetzt wurden, praktizierte. In großer Regelmäßigkeit wurden sie durch Vergasung oder durch

Phenolspritzen getötet. Die SS beseitige auf diese Weise unerwünschte Zeugen.

Beeindruckend ist, dass trotz des Wissens um das eigene Schicksal verschiedene Häftlinge der Sonderkommandos versucht haben, mit ihren Aufzeichnungen, die sie auf dem Gelände des Lagers vergruben, der Nachwelt Zeugnis von den Massenmorden zu hinterlassen. Mindestens sechs solcher Berichte, teilweise mehrseitig, befinden sich im Archiv der Gedenkstätte Auschwitz.

»Porajmos« – das »Zigeunerlager Auschwitz« als Teil der Massenvernichtung

»Zigeunerlager Auschwitz« bezeichnete im NS-Sprachgebrauch den von Februar 1943 bis August 1944 bestehenden Abschnitt B II e des Vernichtungslagers Auschwitz-Birkenau. Als Teil der »Endlösung« ordnete Heinrich Himmler am 16. Dezember 1942 im »Auschwitz-Erlass« an, »Zigeunermischlinge, Rom-Zigeuner und nicht deutschblütige Angehörige zigeunerischer Sippen balkanischer Herkunft nach bestimmten Richtlinien auszuwählen und in einer Aktion von wenigen Wochen Dauer in ein Konzentrationslager einzuweisen«. Zuständig für die Vorbereitung der Deportation war die Kriminalpolizei, die schon seit den Jahren der Weimarer Republik für alle Maßnahmen zur Umsetzung des »Gesetzes zur Bekämpfung des Zigeunerunwesens« verantwortlich war. Das Ziel des »Auschwitz-Erlasses« war die industrielle Ermordung der gesamten Minderheit. Nachdem die Deportationen aus dem Deutschen Reich begonnen hatten, folgten wenig später gleichlautende Befehle für die besetzten Gebiete.

Ab Februar 1943 wurden nahezu 23.000 Sinti und Roma aus elf europäischen Ländern in das Vernichtungslager Auschwitz-Birkenau deportiert. Der größte Teil stammte aus dem Gebiet des Deutschen Reichs: über 13.000 Frauen, Männer und Kinder. Viele Sinti und Roma befanden sich jedoch bereits in Konzentrationslagern oder waren in den besetzten Gebieten Opfer von Massenerschießungen geworden.

Die in Auschwitz-Birkenau eintreffenden Sinti- und Roma-Familien wurden im Lagerabschnitt B II e inhaftiert. Rechts und links der Lagerstraße standen jeweils 20 Baracken. Bis zu 800 Menschen wurden in einer Baracke zusammengepfercht. Daneben gab es sogenannte »Funktionsbaracken« wie den Krankenbau oder die Schreibstube. Der gesamte Lagerabschnitt war mit einem elektrisch geladenen Stacheldraht umgeben.

Die an der »Rampe« ankommenden Häftlinge wurden zunächst in »arbeitsfähig« und »nicht-arbeitsfähig« selektiert. Die Menschen, die als »nicht-arbeitsfähig« eingestuft worden waren, wurden sofort in die Gaskammern gebracht und dort ermordet. Die »Arbeitsfähigen« wurden nach Geschlechtern getrennt in Lagerbüchern erfasst. Außerdem tätowierte man ihnen ein »Z« mit einer Nummer auf den Arm, kleinen Kindern auf den Oberschenkel.

Im Gegensatz zu den anderen Lagerabschnitten war das »Zigeunerlager« als Familienlager angelegt, d. h. die Häftlinge wurden nicht nach Geschlechtern getrennt untergebracht. Sie durften sogar Zivilkleidung tragen und sich die Haare wachsen lassen. Arbeitsfähige Häftlinge wurden nicht in Außenkommandos eingesetzt, sondern mussten auf dem Lagergelände arbeiten, z. B. beim Bau der Eisenbahnrampe oder der Lagerdrainage. Selbst die Kinder mussten für die Fertigstellung der Lagerstraße schwere Steine schleppen. Über die Lebensumstände der Kinder berichtete die Häftlingsärztin Lucie Adelsberger:

> »Die Kinder waren wie die Erwachsenen nur noch Haut und Knochen ohne Muskeln und Fett, und dünne, pergamentartige Haut scheuerte sich über den harten Kanten des Skeletts überall durch .... Aber die Not dieser Würmer schnitt

noch mehr ins Herz. Vielleicht, weil die Gesichter alles
Kindliche eingebüßt hatten und mit greisenhaften Zügen
aus hohlen Augen guckten … Krätze bedeckte den unter-
ernährten Körper von oben bis unten und entzog ihm die
letzte Kraft. Der Mund war von Noma-Geschwüren zerfres-
sen, die sich in die Tiefe bohrten, die Kiefer aushöhlten und
krebsartig die Wangen durchlöcherten … Vor Hunger und
Durst, Kälte und Schmerzen kamen die Kinder auch nachts
nicht zur Ruhe. Ihr Stöhnen schwoll orkanartig an und hallte
im ganzen Block wider.« (zit. in: Langbein, 1980, S. 271 f.)

Die Auschwitz-Überlebende Luise Bäcker, die als Jugendliche
deportiert wurde, berichtete:

»Am 13. März 1943 kamen wir hier in Auschwitz an. Auf dem
Transport aus Deutschland waren 713 Mädchen und Frauen
und 640 Jungen und Männer. … Hier wurde mir die Nummer Z-2800 in den Arm tätowiert. Diese Nummer begleitet
mich bis heute. Mit 12 Jahren kam ich in dieses unfassbare
Grauen. Ich erlebte die Misshandlungen durch die SS-Scher-
gen. Ich sah jeden Tag viele tote Menschen. Hier herrschten
fürchterlichste Lebensbedingungen. Ich erkrankte wegen
der katastrophalen sanitären Verhältnisse an Typhus und
Fleckfieber. Wir Häftlinge bekamen kaum etwas zum Essen,
diesen ständigen Hunger werde ich nie vergessen. … Über
zwei Jahr lebte ich als junges Mädchen mit dieser furchtba-
ren ständigen Todesangst.« (Ansprache am 2. August 2009
in Auschwitz-Birkenau, Redemanuskript)

Im März und im Mai 1943 kam es zu den ersten Massenver-
gasungen, bei denen über 2700 Männer, Frauen und Kinder
mit Zyklon B ermordet wurden. In einer Gesamtbilanz werden
Zahlen genannt: Von nahezu 23.000 Häftlingen starben über
19.300. Davon erlagen über 13.600 den unmenschlichen Haft-

bedingungen, der schlechten Ernährung, den Krankheiten und Seuchen. Mehr als 5600 wurden in Gaskammern ermordet. Vor allem die im Lager geborenen Säuglinge und die Kleinkinder hatten keine Überlebenschance.

Bei Selektionen durch die SS wurden vom April bis Juli 1944 etwa 2200 Sinti und Roma zur »Vernichtung durch Arbeit« in andere Konzentrationslager im Reichsgebiet deportiert. In Auschwitz blieben nach neuen Untersuchungen etwa 4200 bis 4300 Menschen zurück, vor allem Alte, Frauen und Kinder. Sie alle ermordete die SS bei der »Liquidierung« des »Zigeunerlagers«, beginnend am 2. August 1944, in den Gaskammern bei den Krematorien II und V. Danach bestand offiziell kein »Zigeunerlager« mehr in Auschwitz. (vgl. Der nationalsozialistische Völkermord an den Sinti und Roma, 2001)

Doch auch nach diesen Morden trafen noch Transporte mit Sinti und Roma in Auschwitz ein. So wurden am 26. September 1944 200 Sinti und Roma – die meisten waren Kinder und Jugendliche zwischen 9 und 16 Jahren – von Buchenwald nach Auschwitz deportiert und zwei Wochen später in den Gaskammern umgebracht. Unter ihnen waren auch Willy und Rudolf Blum. Die besondere Tragik dieses Falles liegt darin, dass die beiden Jugendlichen im April 1944 zusammen mit ihrem Vater als »arbeitsfähig« aus Auschwitz in das KZ Buchenwald deportiert worden waren, wo sie sich eine Chance zum Überleben erhofften. Als jedoch Rudolf Blum gemeinsam mit dem damals dreijährigen Stefan Jerzy Zweig, der als »Buchenwald-Kind« bekannt geworden ist, als »unnützer Esser« nach Auschwitz zurücktransportiert werden sollte und politische Häftlinge in Buchenwald den Dreijährigen von der Liste nahmen, um ihm eine kleine Überlebenschance zu geben, folgte Willy seinem Bruder auf dem Weg nach Auschwitz. Dort wurden sie beide Opfer der Vernichtungsmaschinerie.

IV.
Profiteure des Todes:
Die IG Farben und der
Aufbau von Auschwitz-Monowitz

Auch für Auschwitz galt, was SS-Obergruppenführer und Chef des SS-Wirtschafts-Verwaltungshauptamt (WVHA) Walter Pohl in einem Schreiben vom 30. April 1942 für alle Konzentrationslager ausführte:

»1. Der Krieg hat eine sichtbare Strukturänderung der Konzentrationslager gebracht und ihre Aufgaben hinsichtlich des Häftlingseinsatzes grundlegend geändert.

Die Verwahrung von Häftlingen nur aus Sicherheits-, erzieherischen oder vorbeugenden Gründen allein steht nicht mehr im Vordergrund. Das Schwergewicht hat sich nach der wirtschaftlichen Seite hin verlagert. Die Mobilisierung aller Häftlingsarbeitskräfte zunächst für Kriegsaufgaben (Rüstungssteigerung) und später für Friedensaufgaben schiebt sich immer mehr in den Vordergrund.

2. Aus dieser Erkenntnis ergeben sich die notwendigen Maßnahmen, welche eine allmähliche Überführung der Konzentrationslager aus ihrer früheren einseitigen politischen Form in eine den wirtschaftlichen Aufgaben entsprechende Organisation erfordern.

3. Ich habe daher alle Führer der früheren Inspektion der Konzentrationslager, alle Kommandanten und alle Werkleiter am 23. und 24. April 1942 versammelt und ihnen persönlich die neue Entwicklung dargelegt. Die wesentlichen Dinge, deren Durchführung vordringlich ist, damit die Aufnahme rüstungsindustrieller Arbeiten keine Verzögerung erleidet, habe ich in beiliegender Anordnung zusammengefasst.

4. Die Überführung der Inspektion der Konzentrationslager in das Wirtschafts- und Verwaltungshauptamt ist im besten

Einvernehmen aller beteiligten Hauptämter durchgeführt. Die Zusammenarbeit aller Dienststellen ist reibungslos, die Beseitigung des Nebeneinanders in den Konzentrationslagern wird allgemein als Überwindung der den Fortschritt hemmenden Fesseln begrüßt.« (zit. nach Schnabel, Macht ohne Moral, S. 205 f.)

Was hier in einer Art Bürokratendeutsch vermittelt wird, war nichts anderes als der Auftakt zu einer neuen Systematik der Vernichtungspolitik, nämlich der »Vernichtung durch Arbeit«, die ab diesem Zeitpunkt für alle Konzentrations- und Vernichtungslager galt.

Diese neue Funktionszuschreibung stand nicht im Widerspruch zu der wenige Wochen zuvor auf der Wannsee-Konferenz festgelegten Vernichtungspolitik. Wenn auch in den Lagern im Osten massenhaft Häftlinge getötet wurden, so geschah dies doch erst dann, wenn sie als arbeitsunfähig galten oder ihre Arbeitskraft schon »verbraucht« worden war. Der Funktionswandel zielte nicht auf die Erhaltung der Arbeitskraft der Häftlinge, sondern auf deren maximale Ausplünderung der Häftlinge im Sinne der faschistischen Zielsetzungen. Das WVHA ging in seiner »Rentabilitätsberechnung« von der Erfahrung aus, dass die durchschnittliche Überlebensdauer der Häftlinge nicht mehr als neun Monate betrug und sie danach nicht mehr in der Lage waren, den Anforderungen der Rüstungsproduktion zu entsprechen.

Die Arbeitskraft der Häftlinge wurde – wie in Kapitel II bereits gezeigt – im KZ Auschwitz in den ersten Monaten des Bestehens für den Auf- und Ausbau des Lagers, für die Bedürfnisse der SS und deren eigenen Betriebe ausgenutzt. So mussten Häftlingsarbeitskommandos nicht nur die Bunker im Stammlager um- und ausbauen, sondern auch das gesamte Areal des KZ Auschwitz-Birkenau vorbereiten und als Lager herrichten.

Aber schon im Jahre 1942 entstanden Arbeitskommandos als Außenlager von Auschwitz in Industriebetrieben bzw. im Bergbau. Das Außenlager Jawischowitz wurde errichtet beim

Bergbaubetrieb, der Teil der Reichswerke Hermann Göring war. Es bestand bis Januar 1945. Die Häftlinge wurden für Bauarbeiten oberirdisch und für Handlangerdienste unter Tage eingesetzt. Der deutsche Kommunist Kurt J. Goldstein aus dem Ruhrgebiet war der einzige jüdische Kapo in diesem Lager. Er berichtete:

> »Wir waren die ersten Häftlinge, die man unter Tage in den Bergbau schickte. Es wurden ungefähr einhundertfünfzig Häftlinge für das Nebenlager Jawischowitz ausgewählt. Dort gab es zwei Steinkohlengruben. Wir marschierten los. Es war ein schrecklicher Marsch, unterwegs prügelte man uns. Wir mussten springen und laufen. Wir wussten zunächst nicht, dass es in Auschwitz Gaskammern und Krematorien gab. Wir wussten nur, dass die SS-Leute Bestien waren. In Jawischowitz herrschte das Regime der SS und der ihnen dienenden Berufsverbrecher, die dort Kapofunktionen hatten. Die Berufsverbrecher prügelten mit Fäusten und Gegenständen, die SS trat und prügelte mit Kolben. Das war der Alltag im Lager gewesen. Paul Skrotzki aus Bochum hat Häftlinge in den elektrisch geladenen Zaun gejagt.« (Herzberg, Überleben heißt erinnern, S. 317)

Damit die Häftlinge diese Arbeit überleben konnten, war es notwendig, dass ein erfahrener Bergmann sie begleitete. Kurt J. Goldstein schildert eine solche Situation:

> »Unsere Arbeit war Bergeversatz, das heißt, das Ausgekohlte musste wieder mit Stein angefüllt werden. Die Häftlinge wurden einem polnischen Hauer [Berufsbezeichnung von Bergleuten. Es handelte sich hier um Zivilarbeiter, die ebenfalls im Bergbau beschäftigt waren; U.Sch.] zugeteilt. Nach ein paar Wochen fehlte plötzlich ein Hauer, und da erinnerte man sich meiner: Wo ist denn der Jude Facharbeiter?

Nun war ich dran und musste als Hauer mit drei Häftlingen Bergeversatz machen. Nach drei oder vier Wochen schon machten wir einen Bergeversatz eigener Art: Auf halber Breite setzten wir Hölzer, ganz schnell. Dann gingen wir zum Kohlenstoß hinüber und bauten aus den dicken Brocken, die dort von der Wand herunterfielen, und ein paar dicken Steinen eine Mauer. Aber ein gutes Drittel dahinter bis zur Hälfte des Kohlenstoßes war hohl! Wir setzten die Hölzer nach vorne und schütteten das schnell wieder an. So konnte der Steiger, der kontrollierte, ob man keine Löcher beim Auffüllen ließ, hämmern, soviel er wollte, er hat uns nie erwischt! Wir haben also bloß die Hälfte der Schicht gearbeitet, um Kräfte zu sparen. Drei von uns konnten sich dann hinlegen und ausruhen, der vierte musste Wache sitzen, ob jemand kam. Die SS hat uns immer nur bis zur Grube gebracht, und ein SS-Mann stand am Korb, aber im Berg waren wir unter uns.« (Herzberg, Überleben heißt erinnern, S. 319 f.)

1943 wurden fünf weitere Außerlager vor allem bei Hüttenbetrieben und in der Nähe der oberschlesischen Bergwerke errichtet, in denen mehrere tausend Häftlinge untergebracht wurden. Ziel dieser Außenlager war es, die Anfahrtswege zu verkürzen, um eine möglichst lange Arbeitszeit der Häftlinge zu gewährleisten. Franciszek Piper kommt in einer Auflistung für Ende 1943 zu den Zahlen, dass 11.000 Häftlinge in den Bauabteilungen des KZ eingesetzt waren, gut 2500 in den Betrieben der SS und knapp 12.000 als Arbeitskräfte bei anderen Firmen. (vgl. Piper, Arbeitseinsatz, Tabelle 5) Im Juni 1943 hatten sogar die Kruppwerke direkt im Interessensgebiet des KZ Auschwitz, also in unmittelbarer Nähe des Lagers, eine eigene Produktionsstätte errichtet, in der schon beim Aufbau mehrere hundert Auschwitz-Häftlinge eingesetzt worden waren.

Angesichts des großen Arbeitskräftebedarfs und der Intensivierung der Kriegsproduktion wurden 1944 weitere 19

Außenlager von Auschwitz an Orten von Rüstungsindustrie und Bergbau-Betrieben errichtet. In mehreren Fällen wurden auch jüdische Zwangsarbeiterlager zu Außenlagern des KZ Auschwitz umdeklariert, ohne dass die Belegung sich veränderte. So entstanden die beiden Außenlager Gleiwitz II und Blechhammer. Für das Jahr 1944 besagen die Unterlagen, dass etwa 37.500 Häftlinge in nicht SS-gehörigen Fabrikationsstätten eingesetzt worden sind, davon über 8000 in Bergbaubetrieben, knapp 7500 in Hütten oder Metallbetrieben sowie 2700 im Bereich der Elektro- und Energietechnik. Der größte Teil arbeitete jedoch in Betrieben der chemischen Industrie, wobei über das Werk Monowitz der IG Farbenindustrie AG selber weiter unten zu berichten ist. (vgl. Piper, Arbeitseinsatz, S. 291 f.)

Diese Außenlager wurden auf Antrag der Unternehmen eingerichtet, die sich bei der SS um Arbeitskräfte bemühten. Sie mussten dafür Unterkünfte für die Häftlinge und Wohnraum für die beaufsichtigenden SS-Männer bereitstellen. Außerdem waren die Firmen für Umzäunung und Wachtürme verantwortlich. Die Verwaltung und die innere Aufsicht oblag der SS, die für jedes Nebenlager einen Lagerführer ernannte. Über den funktionalen Aufbau schreibt Piper: »Der Lagerführer wurde vom Rapportführer unterstützt, der für die Durchführung der Appelle, die Häftlingsbelegstärke sowie für die dienstliche Einteilung der Blockführer verantwortlich war. ... Darüber hinaus existierte die Funktion des Küchenleiters sowie der Sanitätsdienstgrad, der mit der sanitären Überwachung des Nebenlagers und des Krankenbaus beauftragt war. ... Die Pflege der Kranken oblag tatsächlich den Pfleger- und Arzthäftlingen. ... Zwar wurden die Nebenlager in bestimmten Zeitabständen vom Lagerarzt des KL Auschwitz III visitiert, ... doch dieser beschränkte sich in solchen Fällen lediglich auf eine flüchtige Durchsicht der Kranken und auf die Selektierung der Kranken, die keine baldige Genesung versprachen. Die auf diese Weise ausgewählten Häftlinge wurden danach nach Birkenau

gebracht und in den Gaskammern ermordet.« (Piper, Arbeitseinsatz, S. 236)

Wie schwerste Arbeitsbedingungen und Arbeitsunfälle sich
auf die Gesundheit der Häftlinge auswirkten, schilderte die
Auschwitz-Überlebende Anna Moszkowicz, die in der Deutsche
Gasrußwerke GmbH arbeiten musste:

> »In der Halle der Rußproduktion herrschte eine Tempera-
> tur von 60-70 Grad, ganz zu schweigen von der schwachen
> Beleuchtung und dem Staub. ... Trotz der Hitze schlossen
> wir die Arbeitskleidung dicht bis zum Hals, damit so wenig
> Ruß wie möglich an den Körper kam. ... Meine Arbeit war
> schwer und erschöpfend. Die öligen Abfälle, die wir aus den
> Apparaten herausholten, hatten eine Temperatur von 300
> Grad. Wir gossen sie auf dem Fabriknebengelände in einen
> speziellen Behälter. Sie wurden in Kübeln nach draußen ge-
> tragen. Obwohl wir lange Handschuhe trugen, schützten
> uns diese nicht vor Verbrennungen. Beim Hinaustragen
> eines Kübels ergoss sich der Inhalt über meinen Fuß. Ich hat-
> te schwere Verbrennungen. Trotz des hohen Fiebers musste
> ich zur Arbeit antreten. Die Dämpfe, die dem kochenden Öl
> entstiegen, setzten sich auf Magen und Lunge und griffen
> die Augen an.« (zit. nach Piper, Arbeitseinsatz, S. 270f.)

Die Arbeitsbedingungen waren zwar in den jeweiligen Außenlagern unterschiedlich, die Häftlinge machten aber die Erfahrung, dass nicht nur die SS, sondern auch der Werkschutz und
zivile Vorarbeiter sich ihnen gegenüber oftmals durch Brutalität auszeichneten. So berichtete ein Häftling über seine Arbeit
unter Tage in der Grube Jawischowitz:

> »Meine Aufgabe bestand in der ›Säuberung des Förderban-
> des‹, d.h. im Auflesen der vom Transportband herunterfal-
> lenden Kohle und in der Rückgabe auf das Band. Ringsherum

ist es dunkel, klebrige Schwärze, ich kann nichts unterscheiden, die Lampe wirft ein schwaches Licht. ... Mit der Zeit merkte ich, wie die Feuchtigkeit die Kleidung durchdringt, wie der Körper vom feuchten Kohlenstaub schlüpfrig wird ... Im Verlauf einiger Stunden erkenne ich das altbekannte System. Aus der Finsternis tauchen, mich mit den Reflektoren der Karbidlampe blendend – einmal ein Capo, einmal der Steiger, dann wieder der Obercapo und zum Schluss der ›Kontrollposten‹ auf. Jeder von ihnen sieht sich dazu verpflichtet, mir mit dem Stock eins über den Rücken zu ziehen. Das spornt mich nicht zur Arbeit an. ... Besonders gefährlich war der Chef der Grube ›Wojtek‹. Er schlug weniger geschickt, dafür aber umso härter und immer grundlos.« (zit. nach Piper, Arbeitseinsatz, S. 276 f.)

Obwohl die Abgaben der privaten und privat-staatlichen Unternehmen für die Häftlingsarbeit an das SS-Wirtschafts-Verwaltungshauptamt höher waren als die der SS-Betriebe, zogen sie dennoch erhebliche Gewinne aus der Häftlingsarbeit, waren doch diese Abgaben weitaus niedriger als die regulären Löhne. Außerdem konnte die Zahl der zur Verfügung stehenden zivilen Arbeitskräfte den Bedarf der Unternehmen in keiner Weise decken.

Die immer wieder beklagte geringere Arbeitsleistung von KZ-Häftlingen wurde durch längere Arbeitszeiten, durch Einsparungen bei Arbeitskleidung und Sicherheitsvorkehrungen und insbesondere dem Fehlen jeglicher Sozialleistungen ausgeglichen. Das Beispiel der IG Farbenindustrie AG und von Auschwitz-Monowitz belegt exemplarisch, wie intensiv das System der Konzentrationslager im Interesse der Rüstungsindustrie in die faschistische Kriegswirtschaft eingebunden war.

Der Wirtschaftshistoriker Jürgen Kuczynski hat dazu im Auftrag der Nebenklage im Frankfurter Auschwitz-Prozess ab 1963 unter dem Titel: »Die Verflechtung von sicherheitspolizeilichen und wirtschaftlichen Interessen bei der Errichtung und im Betrieb des KZ Auschwitz und seiner Nebenlager« ein Gutachten verfasst, in dem er die praktische Seite der Zusammenarbeit auf der Basis der Unterlagen der IG Farben selber untersucht hatte. Es wird in die folgende Darstellung einbezogen.

Die Anfänge des wirtschaftlichen Engagements der IG Farben in Auschwitz reichen schon in das Jahr 1940. Das IG-Farben-Vorstandsmitglied Direktor Otto Ambros hatte dazu im »IG-Farben-Prozess«, dem Fall 6 der Nachfolgeprozesse der Nürnberger Kriegsverbrecherprozesse, 1947 in aller Offenheit ausgeführt: »1940 erhielt ich von Prof. Karl Krauch, dem Aufsichtsratsvorsitzenden der IG und Leiter des Reichsamtes für Wirtschaftsaufbau, später dem Generalbevollmächtigten Chemie, den Auftrag, einen geeigneten Platz für das vierte Bunawerk auszusuchen. … Dezember 1940 oder Januar 1941 begab ich mich mit Oberingenieur Biedenkopf nach Oberschlesien (Kattowitz). Hier zeigte mir das Landesplanungsamt, das über umfangreiches Kartenmaterial verfügte, verschiedene in Betracht kommende Gelände. Es verwies unter anderem auf die Gegend von Auschwitz, die günstig erschien, da dort Wasser vorhanden war (Zusammenfluss dreier Flüsse), außerdem Kalk, Kohle (Fürstengruben) und Salz. Auch die Arbeiterfrage in dieser Gegend war günstig durch die hohe Bevölkerungsdichte. Ich besichtigte die in Frage kommende Gegend und wählte als günstigsten Platz das Gelände um Auschwitz aus. Nach Rückkehr von der Besichtigungsfahrt Auschwitz erstattete ich Prof. Karl Krauch und Fritz ter Meer Bericht. Das Vorhandensein des Konzentrationslagers Auschwitz wurde dabei erwähnt.« (zit. nach Schnabel, Macht ohne Moral, S. 230)

Für die SS und die politische Führung in Berlin war die Ansiedlung des Buna-Werkes der IG Farben von hoher Priorität. Hermann Göring selber, verantwortlich für die Kriegswirtschaft, verlangte von Heinrich Himmler am 18. Februar 1941 für die geplante Errichtung dieses Werkes, dass in Auschwitz Wohn-

raum zur Verfügung gestellt werde, und forderte zudem acht- bis
zwölftausend Fach- und Hilfsarbeiter an, die für die Errichtung
und später den Betrieb des Werkes benötigt wurden. Mit diesem
Arbeitsauftrag im Gepäck inspizierte Himmler am 1. März 1941
das Lager und die Umgebung und befahl – mit Blick auf das geplante IG-Farben-Werk – den weiteren Ausbau des Lagers. Otto
Ambros beschreibt in seiner Aussage die Zusammenarbeit der
IG Farben mit dem KZ Auschwitz in der Gründungsphase, die
sich vor allem um die Probleme des Aufbaus drehte:

»Oberingenieur Faust riet mir im März/April 1941, in
Auschwitz dem Kommandanten des Konzentrationslagers einen
Besuch zu machen, um vorstehende Dinge zu besprechen.

Lagerkommandant Höss führte mich anlässlich meines Besuches durch das Konzentrationslager, das zu der Zeit noch sehr
klein war. Ich sah die Kasernenblocks, die Küche, die Werkstätten (Schneiderei, Zimmerei, Schnitzerei). Man zeigte mir im
Vorbeigehen das Krematorium, das nicht in Funktion war. Ich
sah zwar den elektrisch geladenen Stacheldraht, die Häftlinge
in gestreifter Häftlingskleidung mit kurzgeschorenen Haaren,
hatte aber von dem Lager keinen so schrecklichen Eindruck,
wie ich erwartet hatte nach dem, was man über das Konzentrationslager Dachau gehört hatte.

Die Häftlinge trugen verschiedenfarbige Winkel auf den
Anzügen. Als ich Höss fragte, was diese bedeuten, erklärte er
mir, dass man aus diesen Abzeichen erkennen könne, aus welchem Grund der betreffende Häftling im Konzentrationslager
sei. … Höss lud mich anschließend zu einem kleinen Abendessen ein.« (zit. nach Schnabel, Macht ohne Moral, S. 231 f.)

Und da auch im Sinne des deutschen Unternehmensrech-
tes alles seine Ordnung haben musste, wurde am 7. April 1941
die »I.G. Auschwitz« mit Sitz in Kattowitz als Unternehmen
der IG-Farbenindustrie AG unter der Leitung der IG-Farben-
Vorstandsmitglieder Otto Ambros und Heinrich Bütefisch ge-
gründet.

Als Bauplatz für das neue Werk wählte man ein Gebiet unweit des Konzentrationslagers Auschwitz, in der Nähe des polnischen Dorfes Monowice, dessen Einwohner vertrieben worden waren. In den ersten Wochen mussten die Häftlinge den Weg zur Baustelle jeden Morgen zu Fuß zurücklegen. Die »Bauherren« stellten jedoch fest, dass der tägliche sieben Kilometer lange Fußmarsch die Häftlinge zu sehr schwächte und damit die Arbeitsproduktivität drückte. Über die »Gestellung von Häftlingen« gab es mehrfach Gespräche zwischen der Lagerleitung und den Vertretern der IG Farben. Höß versprach Ende Mai 1942, dass er »seinen Auftrag, den er vom Reichsführer SS bekommen hat, … unter allen Umständen Häftlinge bis zur Zahl von 4500 Mann zur Verfügung zu stellen«, auf jeden Fall durchführen werde. (zit. nach Kuczynski, S. 14) Dabei stieß die SS jedoch an einen unlösbaren Widerspruch, dass einerseits das Lager mit dem Bereich Auschwitz-Birkenau vorrangig ausgebaut werden sollte, gleichzeitig aber Facharbeitskräfte für die IG Farben bereitzustellen waren. Außerdem musste der Aufbau des Werkes wegen einer in den Arbeitskommandos ausgebrochenen Fleckttyphusepidemie und der damit verbundenen Lagerschließung von August bis Anfang Oktober 1942 unterbrochen werden.

Um in Zukunft derartige Projektunterbrechungen zu vermeiden, richtete der Konzern im Oktober 1942 im Nahbereich der Baustelle und der zukünftigen Produktionsstätte ein eigenes Konzentrationslager ein. Unter Hochdruck wurde die Fabrikationsstätte errichtet, so dass sie am 28. Oktober 1942 als KZ Auschwitz-Monowitz der IG Farben in Betrieb genommen werden konnte.

Die ersten 2100 Häftlinge kamen im Oktober und November 1942 aus den KZ Buchenwald, Sachsenhausen und Dachau sowie aus den Niederlanden. Sie wurden im Januar 1943 nach Verfügung des WVHA durch über 5000 Häftlinge, Männer und Frauen, ergänzt, die im Betrieb und beim Ausbau des Lagers zum Einsatz kommen sollten.

Dennoch erreichte die Zahl der Arbeitskräfte in diesen Monaten nicht die von den IG Farben gewünschte Höhe. Waren es im Dezember 1942 noch 3800 Häftlinge, sank die Zahl im Lager Buna bis Februar 1943 durch Typhus und andere Erkrankungen auf etwa 1500. Angesichts dieser Probleme inspizierte »der Chef des Einsatzamtes im WVHA, Gerhard Maurer, persönlich das Lager Auschwitz, um sich am Ort mit der Lage bekannt zu machen. Im Verlauf der Konferenz in der Betriebsdirektion am 10. Februar 1943 sicherte er eine Steigerung der Häftlingszahl im Nebenlager ›Buna‹ auf 4 000, ev. 4 500 Häftlinge zu.« (Piper, Arbeitseinsatz, S. 243) Als besonderes Angebot an den IG-Farben-Konzern versprach Maurer, dass »alle schwachen Häftlinge abgeschoben werden können, so dass die Gewähr für eine fast volle Leistung, verglichen mit einem deutschen Hilfsarbeiter, herausgeholt werden kann.« (zit. nach Kuczynski, S. 15)

Die IG Farben stellten im Gegenzug sogar die Verpflegung der Häftlinge bereit, dies jedoch nicht aus Menschenfreundlichkeit, sondern um deren Kontakte zum Stammlager, in deren Folge es zu einer Ausbreitung von Typhus auf die eigenen Häftlingsarbeiter und die Zivilbelegschaft hätte kommen können, vollständig zu vermeiden.

In den folgenden zwei Jahren war es ein immer wiederkehrendes Problem der SS, aus den nach Auschwitz deportierten Juden ganz Europas zehntausende Männer zur Zwangsarbeit in Buna/Monowitz zu selektieren. Denn der Arbeitskräftebedarf des Buna-Werkes wuchs mit dem Ausbau im Jahre 1943. Piper nennt als Höchstzahlen der beschäftigten Häftlinge im Buna-Werk: 1942 waren es 3800, 1943 bereits 7000, 1944 11.600 und noch in den letzten Wochen der Existenz dieses Lagers im Jahre 1945 waren es 10.223 Frauen und Männer. (Piper, Arbeitseinsatz, S. 292)

Die SS-interne Bezeichnung des IG-Farben-Lagers lautete zunächst »Lager Buna«. Es wurde als eines der verschiedenen Außenlager geführt. Mit der dauerhaften Verselbstständigung übernahm die SS die ortsbezogene Bezeichnung »Arbeitslager Monowitz«. Im Rahmen der administrativen Neuorganisation des Lagers (vgl. Kapitel II) wurde Auschwitz-Monowitz seit November 1943 als »Konzentrationslager Auschwitz III« geführt. Auch wenn unter dieser Bezeichnung weitere Arbeitslager zusammengefasst wurden, blieb das IG-Farben-Werk das größte Einzellager in diesem Geflecht.

Aus Gründen der Effektivierung des Arbeitskräfteeinsatzes und der Lagerorganisation erhielt Auschwitz-Monowitz Ende 1944 mit der Bezeichnung »Konzentrationslager Monowitz« und der Unterordnung von zum Lager bzw. zum IG-Farben-Betrieb gehöriger Außenlagern eine gewisse Eigenständigkeit innerhalb des gesamten Lagerkomplexes Auschwitz.

Seit Sommer 1944 umfasste dieser Teil des Gesamtkomplexes Auschwitz etwa ein Drittel aller Häftlinge. In den ersten Januartagen des Jahres 1945 sogar 50 Prozent, was damit zusammenhing, dass die Deportationen zur Auflösung des Lagers angesichts der heranrückenden Front zuerst die Lagerteile Birkenau und das Stammlager betrafen. Die Häftlinge in Monowitz sollten quasi bis zur letzten Minute die Kriegsproduktion aufrechterhalten. Als sich die Rote Armee Auschwitz näherte, »evakuierte« die SS am 18. Januar auch das KZ Buna/Monowitz und trieb die Häftlinge auf einen Todesmarsch. Etwa 850 kranke Häftlinge wurden im Krankenbau zurückgelassen; viele starben in den folgenden Tagen, die Überlebenden befreite die Rote Armee am 27. Januar 1945.

Die Lebensbedingungen der Häftlinge in Auschwitz-Monowitz

Eigentlich wäre zu erwarten gewesen, dass den IG Farben eine effektive Produktion im Buna-Werk wegen der hohen Extra-Profite aus der Kriegsproduktion angesichts der extrem geringen Personalkosten besonders wichtig gewesen wäre. Deshalb überrascht es, dass die Überlebensbedingungen der Häftlinge hier nicht besser waren als in anderen Bereichen des Lagerkomplexes Auschwitz. In einem ausführlichen Bericht schildert der ehemalige Häftling Ryszard Kujawa seine Erfahrungen im Nebenlager »Buna«:

»Mitte August 1943 wurde ich dem Transport zugeteilt, der in das Lager Auschwitz III, also Buna-Monowitz ... geleitet wurde.

Man brachte uns in einem großen Zelt unter, das auf dem Appellplatz stand. In dem Zelt, das keinen Fußboden hatte, wurden 2- oder 3-stöckige Pritschen aufgestellt und uns je eine Decke zugeteilt. In diesen Verhältnissen verbrachten die Häftlinge ihre Freizeit, ruhten von der schweren, zehnstündigen, entkräftenden Arbeit aus, ohne Rücksicht auf Wetter und Jahreszeit. Die Häftlinge der Arbeitskommandos, die in Fabrikwerkstätten und -hallen beschäftigt waren, fanden trotz gesundheitsgefährdender Bedingungen vor Frost und Kälte Schutz, aber die Kommandos, die zu verschiedensten Arbeiten im Freien eingesetzt wurden, litten am meisten bei den Arbeiten, die an frostigen Tagen auszuführen waren, bei denen die Leute vor Kälte steif wurden und kaum die Beine bewegen konnten. ... Während der Arbeit durfte keine Pause gemacht werden, weil die ›Aufsicht‹ im Zeichen des Totenkopfes sich sofort für solche ›faulen Esel‹ interessierte – denen unverzüglich eine angemessene Portion Schläge verabreicht wurde.

Wie viele Male trugen die einzelnen Kommandos aus den Buna-Betrieben misshandelte und geschlagene Häftlinge, die am Ende ihrer Kräfte waren und nicht auf den Beinen stehen konnten, ins Lager, wie viele Häftlinge wurden unter Anwendung barbarischster Mittel und Methoden, nämlich beginnend beim sogen. Erschießen auf der Flucht bis zu der Methode, dass dem Häftling ein Knüppel auf die Kehle gelegt wurde und der Scherge solange darauf stehen blieb, bis der Häftling seinen Geist aufgab. ... [Der Satz ist im Original unvollständig; U. Sch.]

Die meiste Arbeit hatte das Personal des Krankenbaus, in dem sich jeden Tag nach der Rückkehr aus den Betrieben Mengen von Häftlingen mit allen möglichen Leiden, vor allem mit Schlagwunden u. a. Verletzungen meldeten, die sie sich durch Unglücksfälle oder durch Misshandlungen zugezogen hatten. Eine weitere ernstzunehmende Gruppe waren die Phlegmone-Kranken mit angeschwollenen Beinen, die der Ernährung zuzuschreiben waren. Der psychische und physische Zustand dieser Menschen war beklagenswert, er grenzte häufig an eine absolute Apathie.« (zit. nach Piper, Arbeitseinsatz, S. 283 f.)

Neben diesen Misshandlungen gab es zahlreiche Arbeitsunfälle, die Resultate der Nichteinhaltung von Sicherheitsmaßnahmen oder des Fehlens von Schutzmitteln wie z. B. Handschuhen, Arbeitsbrillen, Sicherheitsschuhen waren.

Trotz dieser menschenunwürdigen Behandlung war die statistische Todesrate im Lager Buna/Monowitz relativ gering. Zwischen November 1942 und Dezember 1944 wurden »nur« 1625 Häftlinge als verstorben registriert, davon über 80 % im Häftlingskrankenbau. Die größte Zahl der Opfer stellte jedoch die Gruppe der als »nicht mehr arbeitsfähig« Selektierten, die von der SS und teilweise von den Vertretern der IG Farben ausgesondert und nach Birkenau zur Vergasung geschickt wurden. Nach den vorliegenden Unterlagen wurden mindestens 8000 Häftlinge aus dem Häftlingskrankenbau in Monowitz in das Stammlager oder nach Auschwitz-Birkenau überstellt, wo sie getötet wurden. (vgl. Piper, Arbeitseinsatz, S. 286 f.)

V.
Überlebenswillen und Widerstand

In der Geschichte des Konzentrations- und Vernichtungslagers Auschwitz werden zumeist das Leiden und die Qualen der Häftlinge beschrieben sowie die zahllosen Massenmorde und anderen Verbrechen. Dass es aber selbst unter diesen extremen Bedingungen Formen von Widerstand gab, die oftmals zuerst das Überleben der Häftlinge betrafen, gehört zu den heroischen Aspekten der Geschichte des Lagers.

Natürlich umfassten widerständiges Verhalten und der mit ihm verbundene Überlebenswillen andere Formen als außerhalb des Lagers, waren doch durch das terroristische Regiment der SS und der »Funktionshäftlinge« die Möglichkeiten des Handelns enorm eingeschränkt. Außerdem waren die Existenzbedingungen nicht dazu angelegt, Gemeinsamkeiten und Solidarität zu entwickeln. Im Überlebenskampf war, wie es viele ehemalige Häftlinge eindrucksvoll beschrieben, jeder auf sich selbst gestellt. Es war oft vom Zufall abhängig, ob man in Gruppen aufgenommen und – wie Primo Levi es in seinen Erinnerungen beschrieb (vgl. Primo Levi, Ist das ein Mensch?, 1987) – beispielsweise bei den schweren körperlichen Arbeiten unterstützt wurde. Solche gegenseitigen Hilfen waren Grundformen von Solidarität, die Überleben in Auschwitz überhaupt erst ermöglichten. Dies kann als erste Widerstandshandlung und Vorform wie Voraussetzung organisierten Widerstands bezeichnet werden.

Jegliches nicht angepasste Verhalten, der Besitz verbotener Information, von Kassibern oder Dingen von außerhalb des Lagers konnten außerdem zur Bestrafung führen, sogar bis zur Hinrichtung. Für die Häftlinge waren diese illegalen Wege aber die einzige Möglichkeit, ihre Existenzbedingungen zu erleichtern.

Für alle Formen von Widerstand galt, dass er nur gemeinsam mit Mithäftlingen möglich war. Wer versuchte, seine Existenzbedingungen alleine auf sich gestellt zu verbessern, der hatte keine Chance. Wenn man sich aber auf Mithäftlinge verlassen konnte, gab es Handlungsmöglichkeiten und sogar die Chance auf organisierten Widerstand. Insbesondere unter den polnischen Häftlingen entstanden solche Gruppen im Kontext der politischen Ausrichtung der Vorkriegszeit (politische Linke, ehemalige Militärs, nationalistische Kräfte) oder der regionalen Zusammengehörigkeit. Und das galt auch in den Folgejahren für alle Neueingelieferten. In einem Zeitzeugenbericht heißt es:

> »Die politischen Häftlinge waren schon durch ihre vorherige Aktivität in gewisser Weise zu sozialem Handeln prädestiniert, sie besaßen gesellschaftliches Verantwortungsgefühl und freundschaftliche Verbindungen aus der Zeit vor der Verhaftung oder aus dem Gefängnis. In diesem Sinne hatten sie mehr Möglichkeit sich gegenseitig zu unterstützen, als andere, die etwa bei Razzien von der Straße geholt worden waren.«

Die Hilfe konnte auf ganz alltäglicher Ebene geschehen, wurde aber für die Neuankommenden existenziell:

> »Wie hätten wir den ersten fünfstündigen Appell im Morgengrauen bei 20 Grad Frost in der Kleidung überstehen sollen, die wir anstelle der eigenen, warmen Winterbekleidung bekamen, die man uns vom Leib gerissen hatte? … Wenn man dieses stundenlange, regungslose Stehen im Frost ohne Lungenentzündung und ohne erfrorene Gliedmaßen überstand, so nur deshalb, weil unsere Frauen, die wir in der Gefängniszelle kennengelernt hatten und die vor uns ins Lager gebracht worden waren, gewartet hatten, bis ein neuer Transport aus dem Gefängnis kam, um für uns warme Decken vorzubereiten.« (Lewinska-Tepicht, in: Auschwitz-Hefte, Bd. 1, S. 39)

Polnische Häftlinge bildeten schon in der Zeit des Aufbaus des Lagers klandestine Gruppen, die Hilfe für Mithäftlinge organisierten. Sie mussten gegen die aus deutschen Konzentrationslagern übernommenen »grüne Winkel«-Häftlinge innerhalb des Lagers eigene Verbindungen schaffen.

Eine erste Widerstandsorganisation schufen im Herbst 1940 Mitglieder der Polnischen Sozialistischen Partei (PPS). Diesem Netzwerk schlossen sich Mitglieder der »Roten Pfadfinder«, der kommunistischen und der Bauernpartei an. »Durch Vermittlung von polnischen Zivilarbeitern und lagernahen Widerstandsgruppen stellte sie Verbindungen mit Organisationen der PPS in Krakau und in Warschau her und schmuggelte Informationen aus dem Lager an sie.« (Barbara Jarosz, in: Auschwitz, Vernichtungslager, 1997, S. 317)

Eine bedeutende Gruppe des polnischen Widerstands in Auschwitz war der im Oktober 1940 von dem polnischen Offizier Witold Pilecki gegründete »Verband der Militärorganisation« (Związek Organizacji Wojskowej, ZOW). Seine Mitglieder entstammten verschiedenen Dienstgraden der polnischen Armee. Sie ließen sich unproblematisch in militärische Kommandostrukturen einordnen. Den Bedingungen der Konspiration entsprechend wurde die Gruppe nach dem »Fünfergruppen«-Prinzip aufgebaut. Ziel der Gruppe war es vor allem, die Haftbedingungen zu erleichtern und mit Hilfe polnischer Zivilarbeiter Kontakt nach außen aufzubauen. Nachdem sich im Herbst 1941 weitere, auch rechtsgerichtete Militärs, in Gruppen zusammengefunden hatten, entstand auf Vorschlag des ZOW ein einheitliches Komitee der militärischen Organisationen, die nicht mehr nach dem »Fünfergruppen«-Prinzip, sondern in militärischen Kampfgruppen zusammengefasst waren. Das hatte problematische Konsequenzen für die Geheimhaltung.

»1943 ging die Lagerbehörde scharf gegen die Widerstandsbewegungen im Lager vor. Die militärische Führungsgruppe wurde zerschlagen. Bei Massenerschießungen wurden mehrere

Dutzend der militärischen und politischen Aktivisten ermordet.
Am 25. Januar 1943 wurden 51 Häftlinge und am 11. Oktober
1943 54 Häftlinge wegen Widerstandstätigkeit gegen die SS erschossen.« (Auschwitz, Vernichtungslager, 1997, S. 320)

Trotz dieses hohen Blutzolls gelang es den Häftlingen jedoch immer wieder, illegale Widerstandsstrukturen im Stammlager und später auch in Birkenau sowie im dortigen Frauenlager aufzubauen.

Welche Formen widerständigen Handelns im KZ Auschwitz
möglich waren, bilanziert Barbara Jarosz folgendermaßen:

»Hauptaktivitäten waren:

* Das Organisieren von Hilfe für Häftlinge in Form von Medikamenten und Lebensmitteln,
* das Dokumentieren der an Auschwitz-Häftlingen verübten
  Verbrechen,
* die Vorbereitung von Fluchten,
* die Ausführung von Sabotageakten,
* politische Schulungen,
* die Stärkung der Widerstandskraft und des Durchhaltewil-
  lens von Häftlingen,
* der Kampf um die Besetzung von wichtigen Funktionspos-
  ten im Lager mit politischen Häftlingen,
* Vorbereitungen zum Aufstand.

Zu Beginn des Bestehens des KL Auschwitz war das ›Organisieren‹ von zusätzlichen Lebensmitteln und Medikamenten eine
der vorrangigen Aufgaben.« (Barbara Jarosz, in: Auschwitz, Vernichtungslager, 1997, S. 332)

Die ersten Schritte an Widerstand waren – teilweise sponta-
ne – Versuche der Kontaktaufnahme mit der Zivilbevölkerung.
Häftlinge, die mit ihren Arbeitskommandos außerhalb des umzäunten Lagerbereichs eingesetzt waren, beispielsweise bei Ab-
brucharbeiten oder in Produktionsstätten, versuchten Briefe an
ihre Angehörigen so zu hinterlegen, dass die Zivilarbeitskräf-
te sie finden und weiterleiten konnten. Nicht selten konnten

Häftlinge erleben, dass an den gleichen Stellen am folgenden Tag Brot und andere Lebensmittel zu finden waren. Im Archiv der Gedenkstätte Auschwitz finden sich heute über 350 Briefe und Kassiber als Originaldokumente, die auf diese Weise an Angehörige transportiert wurden. Über den Wert solcher Außenkontakte berichtete eine Zeitzeugin:

> »Eine noch größere Rolle spielten die Kassiber aus der ›Freiheit‹, die wir einige Male durch Vermittlung der Widerstandsorganisation im Lager bekamen, und die außer den für mich so wichtigen Nachrichten über Familie und Freunde auch Informationen über die Niederlagen der Deutschen an der Ostfront sowie die Invasion der Alliierten im Westen enthielten, Informationen, die uns mit Freude und Optimismus in Bezug auf das voraussichtliche Kriegsende erfüllten und somit Kraft zum Ausharren verliehen. Diese Kassiber, die sicherlich mit großem Risiko und Mühe ins Lager geschmuggelt wurden, zeigten außerdem, dass die Widerstandsbewegung sowohl außerhalb wie innerhalb des Vernichtungslagers zu organisiertem Handeln in der Lage war.«
> (Zofia Przanowska, in: Auschwitz-Hefte, Bd. 1, S. 39)

Kazimierz Smolen spricht in einer bereits 1960 erschienenen Auswertung von Häftlingsberichten zum Widerstand davon, dass eine »weitverzweigte unterirdische Zusammenarbeit in Auschwitz bestand«, an der sich linke, polnisch-nationale, internationale und jüdische Häftlinge beteiligten. Er fasst diese unter dem Begriff »Widerstandsbewegung« zusammen. (Smolen, Die Widerstandsbewegung FIR, S. 258)

Je länger das Lager bestand, desto ausgefeilter wurden die Netzwerke zur Unterstützung der Häftlinge. Man verließ sich nicht mehr auf »zufällige« Kontakte, sondern baute mit Hilfe der Arbeitskommandos Kontaktstellen in der näheren und weiteren Umgebung des Lagers auf, wo die Häftlinge Nachrichten abgeben und wo andererseits Lebensmittel und Medikamente bereitgestellt werden konnten. Dass dies nur unter größter Geheimhaltung möglich war, versteht sich von selbst. Häftlinge, die dabei gefasst wurden, wurden hingerichtet. Dennoch nahm die Versorgung der Häftlinge von außen eine erhebliche Dimension an. »Nach dem Bericht der Widerstandsbewegung vom 24.11.1942 deckten die offiziellen Lagermedikamente 20 % der Versorgung, die illegalen, ins Lager geschmuggelten etwa 70 % und die aus der SS-Apotheke, SS-Revier entwendeten etwa 10 %.« (Smolen, Die Widerstandsbewegung FIR, S. 260)

Die Widerstandsbewegung verbreitete ab 1942 auch Namenslisten von Häftlingen aus unterschiedlichen Ländern, um das Internationale Rote Kreuz zu veranlassen, Hilfspakete in das KZ Auschwitz zu senden. Selbst wenn der größte Teil dieser Pakete von der SS bzw. Kriminellen entwendet wurde, kam ein Teil der Lieferung bei den Häftlingen an und verbesserte deren Überlebenschancen.

Aber nicht nur organisierte Formen von Widerstand waren für das Überleben der einzelnen Häftlinge wichtig, sondern auch kleine Gesten, die damit beginnen konnten, dass man die karge Verpflegung mit einem Mithäftling, dem es noch schlechter ging als einem selbst, teilte. Es konnten die Alltagsgesten in den Blocks sein, wenn von der SS gequälte oder besonders leidende Häftlinge eine bessere Schlafstelle oder andere Unterstützung erhielten. Voraussetzung dafür war aber die – zumeist politische oder religiöse – Überzeugung der Handelnden, dass ein Überleben im Lager nur solidarisch und gemeinsam möglich sei.

Bekannt ist die Haltung des katholischen Priesters Maximilian Kolbe, der sich an Stelle eines jungen Familienvaters für eine Bestrafung gemeldet hatte, bei der er anschließend von der SS ermordet wurde.

Es gab außerdem auch viele symbolische Gesten, die innerhalb der Häftlingsgesellschaft den Verzweifelten wieder Mut zum Überleben geben konnte. Eines dieser Symbole konnten die ein- und ausrückenden Arbeitskolonnen der Häftlinge täglich aufs Neue sehen, das »umgekehrte B« im Motto des Lagers »Arbeit macht frei«. Als die SS den Auftrag gab, diese Losung in einer schmiedeeisernen Form zu produzieren, hat ein Häftling, es war wahrscheinlich der Kunstschmied Jan Liwacz, der seit Juni 1940 in Auschwitz inhaftiert war, bei den Großbuchstaben das »B« bewusst umgekehrt eingefügt. Nach dem Krieg berichtete er, das sei kein Versehen gewesen, sondern ein bewusster Akt. Alle Häftlinge sollten täglich sehen, dass man auch mit kleinen Aktionen den Zielen der deutschen Besatzer und dem SS-Terror im Lager zuwiderhandeln konnte.

Und so wird heute das »B« verstanden: als Signal des Mutes, des Willens der Häftlinge, ihre Angst zu überwinden, zu überleben und später der Welt berichten zu können, was in Auschwitz geschehen ist.

Im Sinne dieser letzten Aufgabe sahen die verschiedenen Widerstandskräfte eine ihrer wichtigsten Aufgaben in der Dokumentation der Verbrechen und der Täter. Die Mordmaschinerie war in den Augen der Häftlinge so monströs, dass sie alles daran setzten, Belege der Verbrechen und der Massenmorde an die internationale Öffentlichkeit gelangen zu lassen. In einer Auflistung von Kazimierz Smolen, der in Auschwitz am polnischen Widerstand teilhatte, werden folgende Dokumente genannt, die schon vor der Befreiung des Lagers nach draußen geschafft werden konnten:

»1. Das Bunkerbuch (Namen der im Keller von Block 11 eingesperrten Häftlinge, die dort starben oder an der Todeswand erschossen wurden).

2. Vom Häftling David Smulewski illegal gemachte Aufnahmen vom Vergasen der Frauen und der Leichenverbrennung.

3. Verschiedene Listen von getöteten weiblichen Häftlingen.

4. Das Buch der Leichenhalle (Nummernverzeichnis von Gestorbenen oder durch Phenolinjektionen getöteten Häftlinge).

5. Die Liste der »Auschwitzer Henker« – Nachweis von Namen derjenigen SS-Männer, die sich durch besondere Grausamkeit auszeichneten.
6. Nachweis von Häftlingstransporten, die mit Nummern bezeichnet ins Lager gebracht worden waren.
7. Pläne der Krematorien und Gaskammern, die von Vera
   Follynovwa (Tschechin), Krystina Horczak und Waleria Va-
   lowa (Tschechin) aus dem Büro der Bauleitung entwendet
   wurden.« (Smolen, Widerstandsbewegung FIR, S. 260 f.)

Flucht und Informationen an die Alliierten

Später ergänzten Häftlinge, denen die Flucht aus dem Lager gelungen war und die mit Hilfe des polnischen Widerstands das
Land verlassen konnten, diese Einzelinformationen in ausführlichen Berichten, die der polnischen Exilregierung in London
und damit auch den Alliierten übermittelt wurden. Der erste,
dem die Flucht gelungen war, war im November 1943 der Pole
Jerzy Tabeau. Sein Bericht gelangte unter dem Titel »Bericht
eines polnischen Majors« schon im Frühjahr 1944 über die Slowakei in die Schweiz, wo er von der internationalen Öffentlichkeit wahrgenommen wurde.

Der bekannteste Bericht stammte von den beiden slowakischen Juden Rudolf Vrba und Alfred Wetzler. Ihnen gelang
am 7. April 1944 die Flucht. Beide waren Häftlingsschreiber.
Daher verfügten sie über Informationen zur inneren Lagerverwaltung. Auf geheimen Wegen wurden die beiden Flüchtlinge
in die Slowakei gebracht, wo sie mit dem slowakischen Judenrat
den Bericht verfassten, der über andere Kanäle nach Ungarn,
zum Vatikan und in die Schweiz übermittelt wurde. Ein dritter
Bericht wurde von Czesław Mordowicz und Arnost Rosin nach
ihrer Flucht im Mai 1944 verfasst und ebenfalls in die Schweiz
geschickt, wo sie mit entsprechenden Begleitschreiben an den

Völkerbund, den Jüdischen Weltkongress, das Internationale Rote Kreuz und die Westalliierten übermittelt wurden. Ab dem Sommer 1944 wurden in den Schweizer, britischen und amerikanischen Massenmedien Auszüge aus diesen Berichten veröffentlicht. Auch in die deutschsprachigen Sendungen von BBC fanden diese Informationen Eingang. (vgl. Henryk Swiebocki (Hg.), London wurde informiert ..., 1997)

Dass die Westalliierten mit diesen Informationen nur wenig anfingen, ist ein eigenes Kapitel. Das hatte weniger mit der Glaubwürdigkeit dieser so ungeheuerlich klingenden Nachrichten über die Massenvernichtung zu tun als eher mit der strategischen Kriegsplanung der jeweiligen Alliierten. Denn tatsächlich verfügten die britischen Streitkräfte bereits seit Ende Mai 1944 über eigenes Bildmaterial, das die Berichte der geflohenen Häftlinge stützte. Seit Frühjahr 1944 flogen britische Aufklärer von Apulien (Italien) aus nach Südpolen, um mit Luftaufnahmen die strategische Lage zu erkunden. Auf diesen Bildern war u. a. starker Rauch von den Verbrennungsgruben nördlich von Krematorium V zu sehen. Nicht zuletzt solche Aufklärungsfotos bestätigten die Informationen, die die geflohenen Häftlinge an die Alliierten weitergeleitet hatten.

Wie am Beispiel der drei Berichterstatter deutlich wird, gelang es zu verschiedenen Gelegenheiten, Häftlingen die Flucht zu organisieren. Insbesondere anhand von Dokumenten der SS lässt sich eine Zahl von annähernd 200 Fluchtversuchen aus dem Lagerbereich nachweisen. Aus diesen Zahlen geht aber auch hervor, dass von den etwa 600 Häftlingen, die zu fliehen versuchten, etwa 400 wieder gefasst oder »auf der Flucht erschossen« wurden. Fluchtversuche konnten nur dann erfolgreich sein, wenn sie von außen unterstützt wurden. Es war nötig, dass dort meist polnische Nazigegner Verstecke und Transportwege vorbereiteten, damit die Geflüchteten möglichst schnell dem Zugriffsbereich der Lager-SS und der Sicherheitsdienste entkommen konnten. Einige Fluchtversuche wurden durch Spitzel schon in der Vorbereitung entdeckt. Die Häftlinge wurden dann im Lagergefängnis eingekerkert oder direkt erschossen. Bruno Baum berichtet von einer Hinrichtung Ende Dezember 1944, bei der fünf Häftlinge, vier Polen und ein Österreicher, öffentlich erhängt wurden »wegen Fluchtversuchs unter Verleitung von SS-Angehörigen zum Zweck der Zusammenarbeit mit Partisanen«. Der SS-Fahrer, der die Flucht aufgedeckt hatte, erhielt das Kriegsverdienstkreuz und einen 14-tägigen Erholungsurlaub.

Hinrichtungen von Widerstandskämpfern

Die öffentliche Hinrichtung von Häftlingen wegen Widerstandstätigkeit sollte der Abschreckung dienen. Angesichts der Alltäglichkeit des Todes, der Massenmorde in den Gaskammern, der menschenunwürdigen Lebensbedingungen und der vielen »Muselmänner« im Lager, verlor aber dieser öffentlich inszenierte Tod seinen Schrecken. Jedenfalls wurden an der Hinrichtungsstätte im Stammlager, der »schwarzen Wand« zwischen Block 10 und Block 11 (dem Lagergefängnis), mehrere tausend Häftlinge erschossen.

Die erste Massenhinrichtung wurde am 11. November 1941 durchgeführt. Ihr fielen über 150 Häftlinge, die verdächtigt wurden, Angehörige einer Widerstandsgruppe zu sein, zum Opfer. Eine weitere Massenexekution von Häftlingen fand am 28. November 1942 statt. An diesem Tag erschoss die SS etwa 280 polnische Häftlinge – als »Vergeltung« für polnische Widerstandsaktionen bei Lublin. Am 25. Januar 1943 wurden 53 Häftlinge erschossen, die im Verdacht standen, der militärisch orientierten polnischen Widerstandsorganisation anzugehören. Und am 11. Oktober 1943 wurden erneut 54 Häftlinge, bedeutende Persönlichkeiten des öffentlichen polnischen Lebens, ehemalige Militärs und Politiker, als Kern einer Widerstandsorganisation hingerichtet.

Diese Hinrichtungsstätte wurde nicht nur für KZ-Häftlinge genutzt. Auch das »Polizeistandgericht der Leitstelle der Gestapo in Kattowitz« führte seit Anfang 1943 regelmäßig Verhandlungen gegen polnische Zivilisten, die besatzungsfeindlicher Handlungen oder des Widerstands angeklagt waren, im KZ Auschwitz durch. Die bei diesen Verfahren gefällten Todesurteile wurden direkt nach ihrer Verkündung durch Genickschuss vor dieser »schwarzen Wand« vollstreckt. Historische Forschungen sprechen von mindestens 3000, möglicherweise aber 4500 Opfer dieser Hinrichtungen.

Nachdem im Dezember 1943 KZ-Kommandant Liebehenschel den Kugelfang zwischen Block 10 und 11 entfernen ließ, wurden die Hinrichtungen ab 1944 im Krematorium IV fortgesetzt.

Dass sich die SS vor Widerstand und unbotmäßigem Verhalten im Lager und unter der polnischen Bevölkerung in dessen Umgebung fürchtete, wird auch an der Dimension der Mordaktionen sichtbar: An den Exekutionsorten in Auschwitz ließen mindestens 20.000 Menschen ihr Leben. (vgl. Piper, Direkte Methoden der Tötung von Häftlingen, in: Auschwitz, Vernichtungslager, 1997, S. 228 f.)

Sabotageaktionen

Doch trotz Ermordungen und anderer Terrormaßnahmen gab es weiterhin Widerstand. Eine Möglichkeit war Sabotage, insbesondere in der Rüstungsindustrie. Mit der verschärften Ausbeutung der Arbeitskraft der Häftlinge in den verschiedenen zum Komplex Auschwitz gehörenden Außenkommandos entstanden für qualifizierte Arbeitskräfte auch neue Möglichkeiten der Sabotage. Dabei ging es darum, mit durchdachten Aktionen die Produktionsergebnisse, die Menge und die Qualität der hergestellten Rüstungsgüter so zu schädigen, dass sie für den eigentlichen Zweck nicht mehr taugten. Erfahrene Arbeiter wussten, wie man die Mechanik einer Maschine so verändert, dass die Produkte nicht zu gebrauchen waren. In einer Strafmeldung gegen einen Häftling, der an einer Präzisionsbohrmaschine arbeiten musste, wurde beispielsweise festgestellt, dass er jeweils 30 Stück entsprechend der Vorgaben bohrte, weil er wusste, dass die deutschen Vorarbeiter bei der ersten Marge Qualitätskontrollen durchführten. Die mehreren hundert Stück, die darauf folgten, entsprachen nicht mehr den Vorgaben und waren unbrauchbar.

Weibliche Häftlinge behinderten beispielsweise die experimentelle Aufzucht von Coxagis (eine zur Herstellung von Kautschuk notwendige Pflanze) durch falsches Bestäuben und Begießen der Pflanzen mit Chemikalien.

Solche Sabotageaktionen konnten nur von Kleingruppen und Fachleuten erfolgreich umgesetzt werden, da anderenfalls die SS und die deutschen Vorarbeiter schnell die Verursacher entdeckt hätten. Dass die Arbeitskommandos selten die von der SS und den Rüstungsunternehmen erwarteten Produktionsergebnisse erreichten, dürfte nicht nur an der Entkräftung der Häftlinge infolge ihrer elenden Lage gelegen haben, sondern in gewissem Maße auch Ergebnis von Sabotage gewesen sein.

»Kampfgruppe Auschwitz«

Seit dem Eintreffen größerer Gruppen ausländischer Häftlinge ab 1941/42 entstanden in deren Netzwerken eigene Widerstandsgruppen, in denen sich vor allem politische Häftlinge fanden.

Ab 1942 bildeten Österreicher, unter denen sich mehrere ehemalige Spanienkämpfer befanden, eine Widerstandsgruppe. Mit den Deportationen aus Frankreich wurden auch prominente Männer und Frauen aus der Résistance in das Lager verschleppt, unter ihnen Marie-Claude Vaillant-Couturier, die gemeinsam mit belgischen Häftlingen ebenfalls erste politische Netzwerke knüpfte. Auch in den Reihen der deutschen und tschechischen politischen Häftlinge entstanden Widerstandsgruppen, deren Aktivitäten in erster Linie darauf gerichtet waren, die Überlebensbedingungen im Lager zu erhöhen, sich gegenseitig zu unterstützen und Kontakt zur Außenwelt herzustellen.

Auf Initiative der österreichischen Gruppe, die bereits über feste Strukturen verfügte, kam es Anfang Mai 1943 zu einem konspirativen Treffen in Block 4 des Stammlagers. Bei dieser Sitzung entstand eine erste internationale Leitung. Auf Vorschlag Hermann Langbeins wurde als Name »Kampfgruppe Auschwitz« (KGA) gewählt. Entsprechend der Zusammensetzung der jeweiligen nationalen Gruppen waren darin Angehörige verschiedener linker Parteien, ehemalige Spanienkämpfer und Partisanen vertreten. Das größte Kontingent stellten polnische, österreichische, tschechoslowakische und deutsche Häftlinge, unter ihnen zahlreiche jüdische Häftlinge.

Die internationale Leitung bestand, wie Bruno Baum, selbst Mitglied der Kampfgruppe Auschwitz, beschrieb, »zunächst aus dem österreichischen Kommunisten Ernst Burger, dem polnischen Sozialisten Józef Cyrankiewicz und Hermann Langbein, einem Österreicher, sowie Zbyszek Raynoch, einem Polen. Im Sommer 1944 schied Ernst Burger aus, um sich auf seine Flucht vorzubereiten. An seine Stelle trat ich. Hermann Langbein war durch Abtransport ebenfalls ausgeschieden, so dass die Leitung im Sommer 1944, da sich auch Raynoch auf seine Flucht vorbereitete, nun von Józef Cyrankiewicz, von dem aus Flossenbürg hinzugekommenen Heinz Dürmayer, ein österreichischer Kommunist, von dem später aus Lublin gekommenen österreichischen Kommunisten Ludwig Soswinski und von mir übernommen wurde. Wir haben bis zu unserer Evakuierung kameradschaftlich zusammengearbeitet.« (Baum, Widerstand, S. 80)

In neueren Veröffentlichungen wird noch der Name Tadeusz Hołuj (Pseudonym Robert) genannt, der als Verbindungsmann für die Kooperation mit Widerstandsgruppen innerhalb des Lagers fungierte.

Die Handlungsmöglichkeiten der Kampfgruppe Auschwitz resultierten u. a. daraus, dass mehrere ihrer Mitglieder als Funktionshäftlingen Positionen einnahmen, mit denen sie auf die Alltagslage der Mithäftlinge Einfluss nehmen konnten. Während die SS weiterhin auf die Unterstützung ihrer willfährigen Helfer mit dem »grünen Winkel« setzte, versuchten die politischen Häftlinge im Häftlingskrankenbau, als Blockälteste, als Kapo in verschiedenen Arbeitskommandos oder durch Einwirken auf »grüne Winkel«-Träger die Haft- und Alltagsbedingungen etwas zu verbessern. Dazu gehörten auch die Organisation von zusätzlichen Lebensmitteln und Medikamenten, die Enttarnung von SS-Informanten, Hilfestellungen für arbeitsunfähige oder kranke Mithäftlinge und andere kleinere Maßnahmen.

Eine Herausforderung stellte der Kontakt zu den polnischen Widerstandsorganisationen im Lager dar. Diese waren politisch sehr heterogen. Einige waren politisch links, die Mehrheit war jedoch national-konservativ oder militärisch ausgerichtet, was vor dem Hintergrund der Besatzungssituation nicht überraschen konnte. Doch die Zusammenarbeit zwischen diesen Netzwerken war von existenzieller Bedeutung, da beide Strukturen über entsprechende Kader und Kontakte zur Außenwelt verfügten, die ein Überleben und effektiven Widerstand erleichterten. Daher setzte sich die Kampfgruppe Auschwitz für eine Verständigung mit der militärisch ausgerichteten Organisation von Witold Pilecki, der ZOW, ein. Nach längeren Gesprächen kam es im Frühjahr 1944 zur Bildung eines gemeinsamen Militärrates im Lager. An der Spitze des Militärrates standen die Auschwitzhäftlinge Henryk Bartosiewicz und Bernard Świerczyna von ZOW und Józef Cyrankiewicz und Hermann Langbein von der KGA.

Aufstände in Auschwitz

Tatsächlich glaubte man, mit diesem Militärrat, einen Aufstand zur Befreiung im Lager vorbereiten zu können. Aufstandsversuche bzw. kollektive Fluchtaktionen hatte es schon in den Jahren zuvor gegeben. Sowohl in den Aufzeichnungen der SS-Täter als auch in den Erinnerungen von Überlebenden haben sich seit Sommer 1942 mehrere solcher Aktionen niedergeschlagen. Dazu gehörte im Juni 1942 ein erster Aufstand von Häftlingen einer Strafkompanie. Etwa 50 zumeist polnische Häftlinge nahmen daran teil und versuchten zu fliehen. Nur wenigen gelang die Flucht, die meisten wurden erschossen.

Auch sowjetische Kriegsgefangene, die realisierten, dass sie in diesem Lager ermordet werden sollten, unternahmen im Herbst 1942 einen solchen Aufstands- und Fluchtversuch. Unbewaffnet überwältigten etwa 50 sowjetische Häftlinge die SS-Wachmannschaft, durchbrachen die Postenkette und zerstörten einen der Wachtürme. Ein Großteil der Gefangenen wurde bei dieser Fluchtaktion erschossen, etwa 10 konnten jedoch entkommen und schlossen sich polnischen Partisanengruppen an.

Im Oktober 1942 versuchten die Gefangenen der Frauenstrafkompanie, unter Führung französischer Jüdinnen, aus ihrem Lager im Dorf Budy auszubrechen. Auch dieser Aufstand wurde blutig niedergeschlagen. Rudolf Höß spricht in seinen Aufzeichnungen sogar von einem »Blutbad von Budy«. »Wie die Grünen die französischen Jüdinnen zugerichtet hatten, zerrissen, mit der Axt erschlagen, erwürgt hatten – einfach grauenhaft.« (Höß, Aufzeichnungen, S. 116) Jene, die nicht während des Kampfes den Tod fanden, wurden vom SS-Mann Klehr durch Phenolinjektionen ermordet.

Der bekannteste Aufstand war die Aktion der Häftlinge des Sonderkommandos in Krematorium III/IV am 7. Oktober

1944. Hintergrund des Aufstandes war die Absicht der SS, mit der Ermordung der Häftlinge, die in den Krematorien bei der Leichenverbrennung eingesetzt waren, gefährliche Zeugen zu beseitigen. Weibliche Gefangene hatten Schießpulver aus einer Waffenfabrik eingeschmuggelt und das Krematorium IV wurde damit teilweise zerstört. Diese Aktion war, wie überlebende Mitglieder des Sonderkommandos später aussagten, eine unvorbereitete, nicht abgesprochene, nicht von allen Häftlingen des Sonderkommandos getragene Verzweiflungstat.

Anschließend versuchten die Gefangenen eine Massenflucht, aber alle 250 Flüchtigen wurden von den Bewachern kurz darauf gefasst und getötet. In der Folge wurden 451 Häftlinge ermordet, von denen nur ein geringer Anteil selbst aktiv am Aufstand beteiligt gewesen war.

Die politische Abteilung untersuchte dennoch weiter. Nach monatelanger Folter fand Anfang Januar 1945 auf dem Appellplatz des Frauenlagers eine öffentliche Hinrichtung von vier jungen polnischen Jüdinnen im Alter zwischen 18 und 22 Jahren, denen die SS Beihilfe zum Aufstand vorwarf, statt. Dieser Aufstand und die damit verbundenen Verzögerungen in der Mordmaschinerie haben möglicherweise zum Überleben vieler Häftlinge geführt, die sonst noch durch die SS vergast worden wären.

Diese kurze Bestandsaufnahme macht deutlich, dass selbst unter diesen extrem menschenfeindlichen und eliminatorischen Bedingungen Menschen darum kämpften, ihre Würde und das eigene Leben zu bewahren und Solidarität mit ihren Mithäftlingen zu üben. Dieser Überlebensmut reichte bis zu konkreten Aufstandsplanungen. Der Widerstand war auch deshalb so bedeutend, weil damit im Unterschied zum Alltagsdenken in der historischen Erinnerung ein wichtiger Aspekt bewahrt wird. Hermann Langbein hat seiner Dokumentation über den jüdischen Widerstand zurecht den Titel gegeben: »Nicht wie die Schafe zur Schlachtbank«.

Das Ende des Lagers und
die Befreiung im Januar 1945

Die Belegungsstärke des KZ Auschwitz variierte insbesondere im Jahr 1944/45. Das hatte mit ungeplanten Zugängen, aber auch zunehmenden Transporten in Arbeitskommandos anderer KZ (z. B. ungarische Jüdinnen in Außenkommandos des KZ Buchenwald) zu tun.

Gleichzeitig wurden mit dem Heranrücken der Roten Armee die verschiedenen auf polnischem Territorium gelegenen Vernichtungslager schrittweise geräumt, die Dokumente und baulichen Überreste zerstört, um Beweise für die Massenverbrechen zu vernichten. Als erstes wurde nach dem Aufstand der Häftlinge im Oktober 1943 das Vernichtungslager Sobibor aufgegeben und dem Erdboden gleichgemacht. Im November 1943 wurde das Vernichtungslager Treblinka nach dem Aufstand vom August endgültig aufgelöst.

Der Vormarsch der sowjetischen Truppen durch Weißrussland führte dazu, dass im Sommer 1944 die faschistische Führung beschloss, das Konzentrations- und Vernichtungslager Majdanek überhastet zu räumen. Entsprechend der Anweisung des WVHA durften keine arbeitsfähigen Häftlinge in die Hände der Alliierten fallen. Daher wurden in den Julitagen nicht nur zahllose Dokumente des Lagers verbrannt, sondern alle Häftlinge, die überhaupt nur gehen konnten, auf Evakuierungstransporte, im eigentlichen Sinne Todesmärsche, geschickt. Die Auflösung des Lagers Majdanek erfolgte in solcher Eile, dass zentrale Gebäude, darunter die Gaskammer und ein Großteil der Häftlingsbaracken, unzerstört blieben. Die sowjetischen Truppen trafen, als sie das Lager befreiten, nur noch etwa 1000 sowjetische Kriegsgefangene im Krankenbau an.

Die deutsche Wehrmacht stemmte sich in der zweiten Hälfte des Jahres 1944 mit allen Kräften dem Vormarsch der sowjetischen Truppen entgegen. Doch auf Dauer konnte dieser hohe Einsatz nicht aufrechterhalten werden. Von daher begannen ab September 1944 erste Maßnahmen der Evakuierung und Auflösung des Lagerkomplexes Auschwitz. Im Sinne der Sicherung von Arbeitskräften wurden vom August 1944 bis Mitte Januar 1945 ungefähr 65.000 männliche und weibliche Häftlinge – zumeist Juden – in Außenkommandos anderer Konzentrationslager zum Arbeitseinsatz in das Reichsinnere überstellt. Mehrere in diesen Monaten entstandene Außenkommandos der Lager Buchenwald, Neuengamme und Ravensbrück haben hier ihren Ursprung. Neben den jüdischen Häftlingen wurden auch polnische und russische Gefangene als »unsichere Elemente« evakuiert, befürchtete man doch – nach den Erfahrungen in Treblinka und Sobibor, – dass mit dem Heranrücken der Front das Aufstandsrisiko wachse.

Nicht aufgegeben wurde auch noch in dieser Phase die Vernichtungspolitik. Bis Ende Oktober 1944 wurden nicht mehr arbeitsfähige Häftlinge als »unproduktive Elemente« in den Gaskammern getötet. Erst Anfang November 1944 wurde auf Befehl Heinrich Himmlers die Massenvernichtung eingestellt. Wie mehrfach erwähnt, waren zuvor die Häftlinge der Sonderkommandos als gefährliche Zeugen der Vernichtungspolitik ermordet worden.

Bezeichnend ist, dass im Herbst 1944 sich im Vernichtungslager Birkenau zwei gegensätzliche Vorgehensweisen abzeichneten. Zum einen war das Baukommando bis Ende 1944 noch mit Erweiterungs- und Instandsetzungsarbeit beschäftigt. In einigen Außenkommandos, die dem Zwangsarbeitseinsatz dienten, wurden noch bis Mitte Januar 1945 Baumaßnahmen ausgeführt.

Gleichzeitig wurden zum andern ab Oktober 1944 Holzbaracken demontiert und in Einzelteilen in das Reichsinnere transportiert, wo sie als Unterbringungsmöglichkeiten in den neuen Außenlagern genutzt werden sollten.

Da die Transporte zu einem deutlichen Rückgang der Häft-
lingszahlen führten, ordnete das WVHA Ende November
1944 eine Umstrukturierung der Lagerorganisation an, wobei
Auschwitz I und Auschwitz II (Birkenau) wieder als »Konzentrationslager Auschwitz« zusammengeführt wurden, während
Auschwitz III nun als »Konzentrationslager Monowitz« für alle
noch bestehenden Arbeitskommandos in Außenlagern zuständig wurde.

Auf ihre Beute, die den Häftlingen geraubten Güter, wollten
die Nazis dabei nicht verzichten. Aus einem Bericht des Beklei-
dungsmagazins des Stammlagers ist ersichtlich, dass »allein im
Zeitraum vom 1. Dezember 1944 bis 15. Januar 1945 514.843
Stück Männer-, Frauen- und Kinderbekleidung sowie -unter-
wäsche zum Abtransport aus dem Lager vorbereitet wurden.«
(Strzelecki: in: Auschwitz, Vernichtungslager, 1997, S. 400 f.)
Ein großer Teil ging in die Lager im Reichsinneren, darunter
Dachau, Groß-Rosen und Ravensbrück.

Große Anstrengungen unternahm die SS in den letzten
Monaten des Jahres 1944, um die Zeugnisse und Beweise ihrer
Verbrechen zu beseitigen. Ausgehend von den Erfahrungen des
überstürzten Aufbruchs in Majdanek begann die SS nach dem
Aufstand der Häftlinge des Sonderkommandos vom 7. Oktober 1944 mit der Beseitigung auch baulicher Zeugnisse der Vernichtungspolitik. So wurde das Krematorium IV, das von den
Häftlingen in Brand gesteckt worden war, bis auf das Fundament abgetragen. Die Krematorien II, III und V in Birkenau
wurden ebenfalls zur Sprengung vorbereitet. Die technischen
Einrichtungen in den Gaskammern, selbst die fiktiven Dusch-
köpfe und Wasserleitungen wurden demontiert.

Die Verbrennungsgruben und die Gruben, in denen die
menschliche Asche der Krematorien entsorgt worden war,
mussten von Häftlingen gesäubert, neu verfüllt, planiert und
mit Rasenstücken belegt werden, damit jeglicher äußerer Hinweis auf die Massenvernichtung verschwände.

Im Wissen um die Aktenvielfalt der faschistischen Bürokratie begann die SS-Verwaltung ab Ende September 1944 alle Dokumentenbestände, die nicht mehr für den laufenden Betrieb benötigt wurden, vor allem Häftlingskarteien und Häftlingspersonalbögen von ermordeten Häftlingen sowie die RSHA-Transportlisten der nach Auschwitz zur sofortigen Vernichtung deportieren europäischen Juden, zu verbrennen. Da diese Listen auch an anderen Orten noch vorhanden waren, konnten diese Verbrechen später oftmals trotzdem rekonstruiert werden.

Am 17. Januar 1945 fand der letzte reguläre Abendappell in allen Lagerteilen statt. Nach den vorliegenden Bestandslisten befanden sich an diesem Tag noch über 67.000 Häftlinge in den beiden Lagern von Auschwitz, knapp 32.000 im Stammlager und in Birkenau sowie gut 35.000 in Monowitz.

Zwischen dem 17. Januar 1945 und dem 23. Januar wurden unter dem Decknamen »Karla« etwa 56.000 männliche und weibliche Häftlinge evakuiert und in Todesmärschen nach Westen getrieben. In einer Dienstanweisung des Gauleiters und »oberschlesischen Reichsverteidigungskommissars« Fritz Bracht von Ende Dezember 1944 wurden spezielle Regeln für solche Evakuierungsmärsche festgelegt. Es wurde angeordnet, dass bei drohender »Feindberührung« Kriegsgefangene und KZ-Häftlinge zu Fuß evakuiert werden sollten. Für diese Märsche wurden entsprechende Trassen festgelegt.

»Aus Furcht vor Aufruhr und Widerstand sollten die formierten Häftlingsmarschkolonnen Vorfahrt haben, falls sie an Kreuzungen mit anderen Evakuierungstransporten zusammenträfen. Die Führer der Marschkolonnen sowie andere für die Durchführung der Evakuierung verantwortlichen Nazi-Funktionäre vor Ort wurden verpflichtet, flüchtende Kriegsgefangene und Häftlinge wie Saboteure zu behandeln und sie auf der Stelle zu erschießen.« (zit. nach Auschwitz, Vernichtungslager, 1997, S. 403)

Unter diesen Bedingungen vollzog sich die Massenevakuierung aus dem Stammlager und den östlich gelegenen Außenlagern. Nachdem die ersten Vorbereitungen recht zögerlich begonnen hatten, wurde angesichts einer erneuten Offensive der Roten Armee das Tempo der Transporte erhöht – mit grausamen Folgen für die Häftlinge. Die SS-Leute trieben die Häftlinge aus den Arbeitskommandos teilweise mehrere hundert Kilometer durch Oberschlesien. Wer zusammenbrach oder nicht mehr weiterlaufen konnte, wurde erschossen und am Straßenrand liegen gelassen.

Größere Marschkolonnen wurden nach Loslau und Gleiwitz geführt, von wo aus Eisenbahntransporte nach Mauthausen und Buchenwald auf den Weg gebracht wurden. Bei eisigen Wintertemperaturen wurden die Häftlinge zum Teil in offenen Viehwaggons transportiert. In der Regel hatten sie für die mehrtägigen Fahrten keine Essensration bekommen. Wer diese Qualen nicht überstand, dessen Leiche wurde auf der Fahrt aus dem Güterwagen geworfen. Zeugen berichteten, dass bei den Transporten nach Buchenwald fast ein Viertel der Deportierten bereits gestorben waren, bevor der Zug sein Ziel erreicht hatte.

Selbst noch auf den Transporten wurden die Massaker fortgesetzt. Bei der Stadt Rybnik ermordeten Polizei und SS fast 300 Häftlinge, als der geplante Transport nach Westen nicht weiterfahren konnte. Den Häftlingen wurde befohlen auszusteigen und zu Fuß weiterzumarschieren. Diejenigen, die wegen Entkräftung den Zug nicht schnell genug verlassen hatten, wurden mit Maschinengewehrfeuer auf die offenen Waggontüren ermordet. (vgl. Auschwitz, Vernichtungslager, 1997, S. 404)

Strzelecki vermerkt auch Fälle von Hilfeleistung aus der Bevölkerung für Häftlinge, die dem Transport entfliehen konnten. Dies sind jedoch lediglich Einzelfälle. In einer Gesamtbilanz kommt er auf eine Zahl von 15.000 Häftlingen, die auf diesen Evakuierungstransporten gestorben sind, richtiger gesagt: ermordet wurden.

In den beiden Lagerbereichen blieben nach dem Abgang der letzten Evakuierungskolonnen etwa 9000 Häftlinge zurück, die zu schwach oder zu krank zum Marschieren waren. Nach vorliegenden Quellen wurden in den letzten Tagen vor der Befreiung des Lagers noch mindestens 700 Häftlinge ermordet. Die SS sah in ihnen Zeugen der begangenen Verbrechen. Selbst in den Tagen der Auflösung des Lagers erschossen SS-Männer noch Häftlinge, die sich auf der verzweifelten Suche nach Lebensmitteln den Lagermagazinen genähert oder dort bereits Lebensmittel gefunden hatten. (vgl. Strzelecki, in: Auschwitz, Vernichtungslager, 1997, S. 410)

Am 27. Januar 1945 wurden die verbliebenen Häftlinge durch sowjetische Soldaten der 60. Armee der I. Ukrainischen Front befreit. Zuerst wurde das Hauptlager Monowitz freigekämpft. Einheiten der SS und der Wehrmacht leisteten dabei noch erbitterten militärischen Widerstand, so dass mehr als 230 sowjetische Soldaten bei der Befreiung von Auschwitz ihr Leben ließen. Im Laufe des Tages stieß die Rote Armee nach Auschwitz und Birkenau vor. Beide Lagerteile waren gegen 15 Uhr frei. Eine Überlebende beschrieb, wie sie die Befreiung erlebt hatte:

> »Wir hörten, wie eine Granate in der Nähe des Lagertors detonierte. Wir schauten sofort aus unseren Blocks und sahen einige sowjetische Kundschafter mit schussbereiten Gewehren vom Lagertor in unsere Richtung gehen. An Stöcken hängten wir sogleich weiße Laken mit darauf in Form eines Kreuzes genähten roten Streifen raus. Bei unserem Anblick senkten die Soldaten ihre Waffen. Es kam zu einer spontanen Begrüßung.« (zit. nach Auschwitz, Vernichtungslager, 1997, S. 412)

Im Stammlager, in Birkenau und in Monowitz wurden am 27. Januar 1945 noch etwa 7000 Häftlinge lebend angetroffen. Die genaue Zahl ist nicht bekannt, da auch in den ersten

Tagen nach der Befreiung zahlreiche Häftlinge an Entkräftung starben. Unter den Lebenden befanden sich über 200 Kinder im Alter bis zu 15 Jahren, zumeist Zwillinge, die bis zuletzt als menschliche Versuchsobjekte für SS-Ärzte vorgesehen waren. Auf dem Gelände selbst fanden die sowjetischen Soldaten etwa 600 Tote – Lagerinsassen, die von SS-Männern unmittelbar vor ihrer Flucht erschossen worden waren.

Die große Herausforderung, die sich für die sowjetischen Truppen mit der Befreiung des Lagers ergab, war die sofortige medizinische Versorgung der Überlebenden. Doch verfügten diese Verbände nur über Sanitätseinheiten, die auf die Versorgung einer mobilen kämpfenden Truppe ausgerichtet waren. In den ersten Tagen nach der Befreiung unterstützten freiwillige Helfer, Einwohner aus umliegenden Orten, die Arbeit des sowjetischen Feldlazaretts, bevor in der zweiten Februarwoche medizinisch geschultes Personal des Polnischen Roten Kreuzes (PCK) aus Krakau bei der Krankenbetreuung half.

Über die Schwierigkeiten bei der Organisation der Hilfe heißt es in einer Dokumentation:

»Die Arbeitsbedingungen, die sich aus der besonderen Situation des Lagers ergaben, bereiteten dem sowjetischen Sanitätspersonal und den freiwilligen Helfern des PCK eine Reihe von Problemen. Die größten gab es in Birkenau. Um eine bestimmte Temperatur in den Baracken zu halten, mussten Tag und Nacht Feuer in Gang gehalten werden. Von den Fußböden mussten mit Schaufeln Schichten von Exkrementen gekratzt werden, die von Häftlingen stammten, die an Hungerdurchfall gelitten hatten. ... Manchmal musste sogar Schnee aufgetaut werden. Wegen des Mangels an Sanitätern und Hilfspersonal war es nicht möglich, umgehend alle seit der Befreiung vor den Baracken liegenden Leichname zu bergen.« (Auschwitz, Vernichtungslager, 1997, S. 415)

Im Verlauf einiger Wochen wurden alle Kranken in die Steinhäuser des Stammlagers Auschwitz überführt. Mit großen

Anstrengungen hatten das sowjetische Lazarettpersonal und die Freiwilligen des PCK diese Blöcke den Erfordernissen eines Hospitals angepasst.

Trotzdem blieb die medizinische Betreuung eine ungeheure Herausforderung. In den ersten Tagen betreuten 12 Pfleger 2200 Kranke in Birkenau, bevor die freiwilligen Helfer hinzukamen. Für sie allesamt war diese Tätigkeit körperlich und psychisch extrem belastend, hatten doch viele Häftlinge durch die Lagertorturen irreversible seelische Schäden behalten.

Hervorgehoben werden muss, dass selbst genesene Überlebende, die über medizinische Grundkenntnisse verfügten, sich als Helfer zur Verfügung stellten. Sie beteiligten sich im sowjetischen Feldlazarett und im Lagerlazarett des PCK an der Pflege und Betreuung ihrer ehemaligen Mithäftlinge. Obwohl selbst oft pflegebedürftig, führten sie die Häftlingssolidarität fort, die sie schon vor der Befreiung im Lager mitorganisiert hatten.

Diese medizinische Betreuung wurde schwerpunktmäßig bis Mai/Juni 1945 geleistet. Von da an konnte die Mehrzahl der Überlebenden entweder in Erholungseinrichtungen untergebracht oder auf den Rückweg in ihre Heimat gebracht werden.

Die Überlebenden von Auschwitz wollten nicht nur zurück in ihre Heimat, sondern wünschten auch, dass grundlegende politische Konsequenzen aus ihren extremen Erfahrungen gezogen würden. Ähnlich wie in anderen Lagern formulierten Häftlinge einen Appell an die Weltöffentlichkeit, den sie einer Anfang März 1945 in Auschwitz anwesenden Delegation der sowjetischen Regierung übergaben:

»Wir Unterzeichnenden bitten die internationale Öffentlichkeit aller kriegführenden und neutralen Länder sowie deren Regierungen, im Namen der Menschlichkeit alles daran zu setzen, dass Greueltaten, wie sie durch die Nazis begangen wurden, in Zukunft verhindert werden, damit das Blut ungezählter Millionen Unschuldiger nicht vergebens geflossen ist.

Desgleichen bitten wir und mit uns die geretteten circa 10.000 Angehörigen der verschiedenen Nationen, dass die kaum vorstellbaren Grausamkeiten der Hitleristen ihre Sühne und Strafe finden. Wir geretteten ehemaligen Häftlinge verdanken unsere Rettung der tapferen Roten Armee und bitten die Internationale Öffentlichkeit und ihre Regierungen hiervon Kenntnis zu nehmen und in unserem Namen hierfür Dank abzustatten.« (zit. nach Auschwitz, Vernichtungslager, 1997, S. 424)

VI.
Die juristische Aufarbeitung der Verbrechen

Die Prozesse vor Gerichten der Alliierten

Nach Kriegsende kam es zu mehreren Prozessen wegen der Gewaltverbrechen im KZ-Komplex Auschwitz.

Schon im Lager Auschwitz hatten sich die politischen Häftlinge darüber Gedanken gemacht, wie diese monströsen Massenverbrechen juristisch angemessen verfolgt werden könnten. Man war sich klar, dass zukünftige Gerichte, die dem Grundsatz der individuellen Schuld von Angeklagten folgten, bei dieser Art von Verbrechen an ihre Grenzen stoßen würden. Der ehemalige österreichische Häftling, Mitglied der Widerstandsorganisation »Kampfgruppe Auschwitz« und spätere Rechtsanwalt Heinrich Dürmayer sprach von einer möglichen »Beweisnot«, denn »wer einmal vor der schwarzen Wand stand oder in der Gaskammer war, durch eine Phenolinjektion ermordet oder von einem Vernehmenden in der Politischen Abteilung zu Tode gefoltert wurde, kann nicht mehr in einem künftigen Strafprozess als Zeuge aussagen.« Deshalb sollten »bei solchen Verbrechen nicht die Anklagebehörden die Schuld der Angeklagten beweisen (müssen), sondern der Angeklagte seine Unschuld. Es sind ja alle, ausnahmslos, schuldig geworden, die in einem Konzentrationslager, so insbesondere in Auschwitz, irgendwelche Funktionen oder Tätigkeiten im Rahmen der SS ausgeübt haben. Wenn einer der Angeklagten Spuren von Menschlichkeit gezeigt hätte, wäre er uns aufgefallen, mit dem hätten wir uns beschäftigt, jedenfalls hätten wir ihn uns gemerkt.« (Auschwitz-Prozess-Informationen, Nr. 6, 7.7.1964, Präsidium der VVN, S. 3) Doch dieses Rechtsverständnis wurde nicht prägend für die juristische Aufarbeitung vor den verschiedenen Gerichten.

Die ersten juristischen Aufarbeitungen der Verbrechen von Auschwitz fanden bereits vor den Internationalen Gerichtshöfen der Alliierten statt. Im Nürnberger Prozess gegen die Hauptkriegsverbrecher 1945/46 ging es in erster Linie um Kriegsverbrechen und Verbrechen gegen die Menschlichkeit, wie der Anklagepunkt hieß, gegen Menschen in den überfallenen Ländern. Daher kam der Aussage der Französin Marie-Claude Vaillant-Couturier am 28. Januar 1946 große Bedeutung zu. Die französische Widerstandskämpferin, die 1942 verhaftet, im Januar 1943 nach Auschwitz-Birkenau deportiert und später zum Arbeitseinsatz in das KZ Ravensbrück verschickt worden war, trat als Zeugin der Anklage auf. Mit großer Präzision, aber gleichermaßen eindrucksvoll berichtete sie von ihrer Haftzeit in Auschwitz – beginnend mit der Deportation aus Frankreich, über die Aufnahmerituale im Lager, die alltäglichen Quälereien und Schikanen der SS, den Arbeitseinsatz und die allgemeinen Lebensbedingungen. Als Zusammenfassung der Lagerwirklichkeit erklärte sie dem Gericht, dass von den 230 Frauen, die im Transport vom Januar 1943 in Auschwitz angekommen waren, im Jahr 1944 keine fünfzig mehr zum Arbeitseinsatz in das KZ Ravensbrück weitergeschickt wurden. Außerdem sagte sie als Erste aus der Sicht der Häftlinge vor einem Gericht über die Massendeportationen und die Selektionen zur Ermordung in den Gaskammern aus.

Am 15. April 1946 trat – nicht als Angeklagter, sondern als Zeuge der Verteidigung – auch der ehemalige Lagerkommandant Rudolf Höß im Nürnberger Prozess auf. Der Verteidiger Kurt Kauffmann war sichtlich bemüht, mit Hilfe von Höß nachzuweisen, dass die Lebensbedingungen im Lager eigentlich recht zufriedenstellend gewesen seien und sich sicher erst durch die Kriegsentwicklung Versorgungsengpässe und damit Hunger und schlechte Lebensbedingungen ergeben hätten. Obwohl als Zeuge der Verteidigung angekündigt, bestätigte Höß in seinen Aussagen jedoch mehrfach die Verbrechen von Auschwitz. Außerdem bestätigte er, dass alle Massenhinrichtungen durch die Vergasung unter dem direkten Befehl, unter der Aufsicht und Verantwortlichkeit des RSHA stattfanden. Er selbst habe alle Befehle zur Ausführung dieser Massenhinrichtungen unmittelbar vom RSHA erhalten. Damit wurden bereits in diesem Prozess gegen die Hauptkriegsverbrecher zum einen die direkte Verantwortung der faschistischen Führung und zum andern die Dimension der Massenmorde belegt. (Die Zeugenaussagen von Höß finden sich in: Der Prozeß gegen die Hauptkriegsverbrecher vor dem Internationalen Gerichtshof Nürnberg 14. November 1945 – 1. Oktober 1946. Amtlicher Wortlaut in deutscher Sprache. Nürnberg 1947, Bd. 6)

Während es in Nürnberg um die Hauptkriegsverbrecher ging, fanden schon 1945/46 in den jeweiligen Besatzungszonen Prozesse gegen die Täter auf der nächst tieferen Verantwortungsstufe statt. In einem Prozess vor dem britischen Militärgericht in Lüneburg von September bis November 1945 wurden verschiedene SS-Täter aus Auschwitz angeklagt, die zuletzt im KZ Bergen-Belsen ihren Dienst taten. Sechs von ihnen wurden wegen Mordes und weiterer Verbrechen zum Tode verurteilt und am 13. Dezember 1945 gehängt. Auch in den späteren Prozessen zu den Konzentrationslagern Neuengamme, Dachau und Mauthausen wurden SS-Männer aus Auschwitz angeklagt und zum Tode verurteilt.

Die Verbrechen in Auschwitz wurden auch in den Nürnberger Nachfolgeprozessen ausführlich thematisiert: im Ärzteprozess (Erster Nachfolgeprozess), im Prozess gegen das SS-Wirtschafts-Verwaltungshauptamt (Vierter Nachfolgeprozess), im IG-Farben-Prozess (Sechster Nachfolgeprozess) bezüglich Auschwitz III (Monowitz) und im Prozess gegen das Rasse- und Siedlungshauptamt der SS 1947/48 (Achter Nachfolgeprozess) bezüglich der Beteiligung an Deportationen von Juden. Selbst im Prozess gegen das Oberkommando der Wehrmacht (Zwölfter Nachfolgeprozess) war Auschwitz Thema. Das Gericht untersuchte die Ermordung von 13.000 sowjetischen Kriegsgefangenen in diesem Lager.

Diese Verfahren ordneten die Verbrechen, die die SS in den Lagern Auschwitz I, in Auschwitz-Birkenau und in Monowitz begangen hatten, in das Gesamtsystem des deutschen Faschismus ein. Für diejenigen, die die dort vorgelegten Dokumente tatsächlich zur Kenntnis nahmen, wurde sichtbar, dass Auschwitz ein Ort extremster Verbrechen und Gewalt war und die äußerste Steigerung der allgemeinen Politik des faschistischen Gewaltsystems darstellte.

Die Prozesse in Polen

Große Bedeutung bekamen die Prozesse vor dem polnischen Obersten Nationalgerichtshof in Warschau, insbesondere das Verfahren gegen den ehemaligen SS-Kommandanten Rudolf Höß vom 11. bis 29. März 1947. Am 25. Mai 1946 war Höß von den britischen Besatzungsbehörden an Polen ausgeliefert und unter Vorsitz von Richter Jan Sehn vor Gericht gestellt worden. Es war beschlossen worden, ihn alleine anzuklagen, »da sein Prozess zugleich ein Prozess gegen die nazistische Ideologie sein sollte, welche Konzentrationslager und Vernichtungslager gründete, um sie als Werkzeuge zur Lösung der grundsätzlichen Probleme ihrer verbrecherischen, nationalistischen und rassistischen Politik zu benutzen. Der Prozess gegen Höß sollte einerseits beweisen, dass der ehemalige Kommandant für alle während seiner Dienstzeit auf dem Gelände des Lagerkombinats von Auschwitz begangenen Verbrechen verantwortlich sei, andererseits aber, dass er eines der Rädchen in dem mörderischen System war, das sich zur Aufgabe setzte, ganze Völker im Namen der falsch aufgefassten Interessen Deutschlands auszurotten.« (Informationsbulletin des Internationalen Auschwitz-Komitees, Nr. 12-1, Dez. 1963, S. 6) Außerdem befasste sich der Gerichtshof mit den in Auschwitz an Häftlingen durchgeführten medizinischen Experimenten, die entweder pseudowissenschaftlichen Charakter hatten oder das Ziel verfolgten, neue Methoden zur Ausrottung ganzer Völker zu entwickeln.

Der Prozess wurde als öffentliches Verfahren in Anwesenheit zahlreicher Beobachter und internationaler Korrespondenten durchgeführt. Alle Aussagen wurden ins Deutsche, Englische, Französische und Russische übersetzt.

Eine wesentliche Grundlage für diesen Prozess bildeten neben den zahllosen Dokumenten der faschistischen Administration die autobiographischen Aufzeichnungen von Rudolf Höß, die er während der Haftzeit verfasst hatte. Auf über 200 handschriftlichen Seiten beschrieb er unter dem Titel »Meine Psyche. Werden, Leben und Erleben« seinen Werdegang in der faschistischen Bewegung, seine Rolle in den KZ Dachau, Sachsenhausen und Auschwitz und später bei der Inspektion der Konzentrationslager. (vgl. Höß, Aufzeichnungen 1963) Im Duktus eines Buchhalters beschrieb Höß die Ablauforganisation, seine Beteiligung an den Verbrechen und seine Versuche, das System der Konzentrationslager im Sinne des faschistischen Regimes so effektiv wie möglich auszugestalten. In diesem Text umfasst die Geschichte des Vernichtungslagers Auschwitz nur etwa ein Viertel der Blätter. Anschließend verfasste Höß zur Vorbereitung seines Prozesses einen weiteren detaillierten Bericht »Die ›Endlösung der Judenfrage‹ im KL Auschwitz«, in dem er die praktische Abwicklung der Deportationen, die Selektionen und die Vernichtung der Menschen sowie die Beseitigung der Leichname in einer nur schwer zu ertragenden technokratischen Art beschrieb. In diesem Bericht nahm er auch Stellung zu den damals bekannten Zahlen der in Auschwitz Ermordeten und korrigierte sie nach unten, doch nicht, um seine Rolle in diesem Massenmord zu schmälern. Er erklärte: »Die Möglichkeiten der Vernichtung hatten auch in Auschwitz ihre Grenzen.« (ebenda, S. 167)

Höß wurde im Verfahren zu zahlreichen Details seiner Aufzeichnungen und zu anderen Aspekten der Lagerwirklichkeit befragt. Seine Antworten waren zwar präzise, aber in ihnen gerierte er sich als desinteressierter Beobachter, vielleicht als historischer Gutachter, jedoch in keine Weise als verantwortlicher Täter. Er verstand angeblich bis zum Schluss nicht, warum er zur Rechenschaft gezogen wurde, da er doch nur Befehle ausgeführt habe.

Der Prozess selbst dauerte nur 15 Tage, dennoch wurden 85 Zeugen gehört und Gutachten von Sachverständigen vorgetragen bzw. verlesen. Am 2. April 1947 wurde Rudolf Höß in Warschau zum Tode verurteilt. Die zentralen Vorwürfe waren:

- »Mitwirkung bei der Organisation des hitlerfaschistischen Systems von Konzentrationslagern, deren Ziel Folterung und Vernichtung von Menschen war, Höß sei bei der Durchführung dieser Aufgaben in leitender Stellung beteiligt gewesen,
- Teilnahme an Morden: etwa 300.000 Personen, die in der Lagerkartei erfasst waren, und einer nicht genau festzulegenden Zahl von Personen, mindestens 2,5 Millionen [das war die damals angenommene Zahl; U. Sch.], nicht in der Lagerkartei erfasster Menschen sowie mindestens 12.000 sowjetische Kriegsgefangene, die entgegen den Vorschriften des Völkerrechts im Konzentrationslager Auschwitz festgesetzt worden waren,
- Tätigkeit zum Schaden von Zivilpersonen, Militärpersonen und Kriegsgefangenen, indem er sie in den Zustand der Sklaverei versetzte, verbunden mit verschiedenen physischen und moralischen Quälereien (Hunger, Zwang zu übermenschlicher Arbeit, Folter, unmenschliche Strafen, Verachtung menschlicher Würde) sowie am Raub von Hab und Gut der in das Lager eingewiesenen Personen, ihrer Einweisung in Gaskammern sowie Leichenschändung durch Ausreißen von Zahnprothesen und Goldkronen sowie Abschneiden von Frauenhaar.« (Auschwitz, 1978, S. 185 f.)

14 Tage später wurde Höß vor seiner ehemaligen Residenz in Auschwitz mit Blick auf das Lager gehängt.

Es war von Anfang an geplant, in einem zweiten Prozess die Ausführenden dieser Massenverbrechen zur Rechenschaft zu ziehen. Und so begann am 24. November 1947 der Krakauer Auschwitz-Prozess gegen 40 frühere SS-Führer, SS-Ärzte und SS-Rapportführer des Lagers. Auch wenn der Prozess selber in Krakau durchgeführt wurde, fand er vor dem Obersten Nationalen Tribunal Polens statt.

Dieser zweite Prozess, schrieb das Internationale Auschwitz Komitee, »ließ die unmittelbaren Vollstrecker des in den Konzentrationslagern herrschenden Systems kennenlernen, Menschen, welche täglich und unmittelbar mit den Häftlingen in Berührung kamen, welche sie folterten und sie körperlich und moralisch quälten, welche sie eigenhändig mordeten oder sie in den Tod schickten. Dieser Prozess zeigte das Triebwerk im Inneren des Auschwitzlagers, dieser großen Todesfabrik, deren Endprodukt die aus den Krematorienöfen herausgeholte Asche war.« (Informationsbulletin des IAK, 12-1, Dez. 1963, S. 6)

Die wichtigsten Angeklagten waren u. a. der als Lagerkommandant auf Höß folgende Arthur Liebehenschel, der stellvertretende Kommandant Hans Aumeier, der Leiter der Politischen Abteilung Max Grabner und der SS-Arzt Paul Kremer, der insbesondere für die Selektionen und die Vergasung angeklagt war, sowie Maria Mandl, Oberaufseherin des Frauen-Konzentrationslagers in Auschwitz-Birkenau ab September 1942.

Der Prozess dauerte vom 25. November bis 14. Dezember 1947. Über 130 Zeugenaussagen wurden in dem Verfahren vorgelegt, ebenso Sachverständigengutachten und eine Vielzahl von Originaldokumenten. Mit der Urteilsverkündung am 22. Dezember 1947 endete dieses Verfahren. 23 Angeklagte wurden wegen ihrer erwiesenen Beteiligung an der Massenvernichtung zum Tode verurteilt und hingerichtet. 16 Angeklagte wurden zu lebenslänglicher oder langjähriger Zuchthausstrafe verurteilt. Der Angeklagte Dr. Hans Münch, Leiter der Hygieneanstalt im KZ Auschwitz, wurde von den hier angeklagten Taten freigesprochen.

Diese Prozesse waren in dreierlei Hinsicht von Bedeutung: Erstens in der Verurteilung von Verantwortlichen für die in Auschwitz verübten Massenverbrechen, an denen sie unmittelbar beteiligt waren oder die sie organisiert hatten. Zweitens in der erstmaligen Anwendung des im Hauptkriegsverbrecherprozess von Nürnberg geschaffenen völkerrechtlichen Rechtsrahmens, bezogen auf die »Verbrechen gegen die Menschlichkeit«. Drittens in der Sicherung eines riesigen Fundus an Dokumenten und Zeugenaussagen zur Vernichtungspolitik in Auschwitz. Die gesamten Prozessakten umfassen ungefähr 12.000 Seiten dokumentarischen Beweismaterials.

Der Frankfurter Auschwitz-Prozess 1963 – 1965

Es dauerte fast 20 Jahre, bevor auch vor einem bundesdeutschen Gericht Verbrechen von Auschwitz angeklagt, verhandelt und verurteilt wurden. Dass es überhaupt zu diesem Prozess kam, hatte eine eigene Vorgeschichte.

Im März 1958 erstattete der Auschwitz-Überlebende Adolf Rögner Strafanzeige bei der Staatsanwaltschaft Stuttgart gegen den ehemaligen Angehörigen der Lager-Gestapo, Wilhelm Boger, der unbehelligt nahe Stuttgart lebte. Ein Entnazifizierungsverfahren gegen Boger war 1951 auf Kosten der Staatskasse eingestellt worden, obwohl bekannt war, dass er Verantwortung im KZ Auschwitz gehabt hatte. Erst als das Internationale Auschwitz-Komitee und sein damaliger Generalsekretär Hermann Langbein mit Hinweisen auf Zeugen auf das Gericht einwirkte, kam es zur Vernehmung und im Oktober 1958 zur Untersuchungshaft gegen Boger.

Im Januar 1959 leitete ein Journalist an den damaligen hessischen Generalstaatsanwalt Fritz Bauer Dokumente aus dem Auschwitz-Kommandantur-Bereich weiter, in denen SS-Täter namentlich verzeichnet waren. Fritz Bauer erkannte die Brisanz dieser Unterlagen sofort und beantragte daraufhin beim Bundesgerichtshof (BGH), dass die Zuständigkeit für alle Verfahren im Zusammenhang mit den Massenverbrechen in Auschwitz beim Landgericht Frankfurt/Main liegen sollte. Dies wurde im April 1959 durch den BGH bestätigt.

Von da an wurden Ermittlungen gegen 1200 Beschuldigte eingeleitet und über 1000 Zeugen, Überlebende und SS-Angehörige im Rahmen der Vorermittlungen befragt. Unterstützung erhielten die ermittelnden Juristen bereits in den Voruntersuchungen durch Prof. Dr. Jan Sehn, Mitglied der polnischen Hauptkommission zur Untersuchung der Naziverbrechen in Warschau, der schon im August 1960 einen Ortstermin in Auschwitz ermöglichte. Nach vierjähriger intensiver Arbeit der Staatsanwälte Fritz Bauer, Joachim Kügler und Georg Friedrich Vogel sowie des Untersuchungsrichters Heinz Düx wurde im Herbst 1963 die Anklageschrift gegen 24 Angeklagte beim Landgericht Frankfurt eingereicht. Mit dessen Beschluss vom 7. Oktober 1963 wurde das Hauptverfahren eröffnet, und am 20. Dezember 1963 begann mit dem Aktenzeichen 4 Ks 2/63 der Auschwitz-Prozess gegen letztlich 22 Angeklagte:

• Robert Mulka, SS-Obersturmführer und Adjutant des Kommandanten Höß
• Karl Höcker, SS-Obersturmführer und Adjutant des letzten Kommandanten Baer
• Wilhelm Boger, SS-Oberscharführer, Politische Abteilung
• Hans Stark, SS-Untersturmführer, Politische Abteilung
• Klaus Dylewski, SS-Unterscharführer, Politische Abteilung
• Pery Broad, SS-Rottenführer, Politische Abteilung
• Johann Schobert, SS-Unterscharführer, Politische Abteilung

- Bruno Schlage, SS-Unterscharführer, Block 11, später Kommandoführer
- Franz Hofmann, SS-Hauptsturmführer, Schutzhaftlagerführer und Lagerführer des »Zigeunerlagers«
- Oswald Kaduk, SS-Unterscharführer, Rapportführer
- Stefan Baretzki, SS-Sturmmann, Blockführer
- Arthur Breitwieser, SS-Unterscharführer, Sanitätsdienstgrad
- Franz Lucas, SS-Obersturmführer, Lagerarzt
- Willy Frank, SS-Obersturmführer, Leiter der Zahnstation
- Willy Schatz, SS-Untersturmführer, Zahnarzt im Lager
- Victor Capesius, SS-Sturmbannführer, Leiter der Lagerapotheke
- Josef Klehr, SS-Oberscharführer, Leiter des Vergasungskommandos
- Herbert Scherpe, SS-Oberscharführer, Sanitätsdienstgrad
- Emil Hantl, SS-Rottenführer, Sanitätsdienstgrad
- Emil Bednarek, Funktionshäftling, Blockführer der Strafkompanie
- Gerhard Neubert, SS-Oberscharführer, Sanitätsdienstgrad
- Heinrich Bischoff, SS-Unterscharführer, Blockführer in Arbeitskommandos

Die beiden Letztgenannten schieden im Verlauf des Prozesses aus Krankheitsgründen aus. (Die hier genannten SS-Dienstgrade folgen dem Urteil des Frankfurter Auschwitz-Prozesses. Um die eigene Bedeutung zu minimieren, gaben die Angeklagten ihre SS-Dienstgrade beim Dienstantritt im KZ Auschwitz an. Die meisten SS-Leute wurden »für ihren Einsatz im Dienst« später befördert.)

Da es für einen Prozess dieser Größenordnung und eine zu erwartende internationale öffentliche Resonanz im Frankfurter Landgerichtsgebäude keine angemessenen Räumlichkeiten gab, fand die erste Sitzung des Prozesses im Plenarsaal im Frankfurter Römer statt. Ab April 1964 folgten die weiteren Sitzungen im neu errichteten Bürgerhaus Gallus, im großen Saal.

Rudolf Schneider, langjähriger Redakteur der antifaschistischen Wochenzeitung *die tat*, der sämtliche Verhandlungstage als Pressebeobachter begleitet hatte, charakterisierte den Prozess folgendermaßen: »In diesem ›größten Massenmordprozess der bundesdeutschen Nachkriegsgeschichte‹ ging es um millionenfachen Mord an Frauen, Männern und Kindern aus fast allen Ländern Europas. Die Angeklagten waren allesamt Angehörige der SS, vom einfachen Dienstgrad bis zum SS-Hauptsturmführer und Lagerkommandanten.

Zu Beginn des Verfahrens befanden sich lediglich neun der Angeklagten in Haft. Die Anklageschrift, die sich u. a. auf die Vernehmung von 1300 Zeugen stützte, umfasste 700 Seiten. Zum Prozess selbst … wurden mehrere hundert Zeugen aus 15 Ländern Europas und aus Übersee geladen.

Die Aussagen der Überlebenden ließen die unvorstellbaren Schrecken und Grausamkeiten von Auschwitz noch einmal auferstehen. Im Gerichtssaal spielten sich erschütternde Szenen ab, als die ehemaligen Häftlinge ihren Peinigern von einst gegenübertraten. Dokumentiert wurden nicht nur die Untaten der Angeklagten – der Prozess förderte beeindruckendes Beweismaterial über die Verbrechen des deutschen Faschismus und der ihn tragenden Kräfte zutage, über die Hintermänner und Auftraggeber der Angeklagten in Staat und Industrie, die allerdings auf der Anklagebank fehlten. Zeugen und Sachverständige charakterisierten die Verantwortung des IG-Farben-Konzerns bei den in Auschwitz verübten Massenmorden, nicht zuletzt bei der Ausbeutung von Zwangsarbeitern. …

Empörung lösten in der Öffentlichkeit die Versuche von Verteidigern aus, Augenzeugen der Verbrechen als unglaubwürdig hinzustellen oder einzuschüchtern. Für viele hundert Jugendliche, darunter ganze Schulklassen, die den Verhandlungen beiwohnten, wurde der Prozess zu einer Lehrstunde in Geschichte, wie sie kein Pädagoge hätte gestalten können.« (Rudolf Schneider, Tagebuch, in: Schneider, Auschwitz, S. 85 f.)

Nach inoffiziellen Schätzungen verfolgten etwa 20.000 Besucher die 183 Verhandlungstage. Nur wenige Journalisten wie der Redakteur der *Frankfurter Allgemeine Zeitung*, Bernd Naumann, der Redakteur der *tat*, Rudolf Schneider, und Kurt Nelhiebel, der unter dem Pseudonym Conrad Taler für die Monatszeitschrift der Israelitischen Kultusgemeinde Wien, *Die Gemeinde*, berichtete, sowie die Vertreter des Internationalen Auschwitz Komitees (IAK) waren an allen Prozesstagen anwesend.

Das Gericht selbst verkündete vor der Eröffnung des Verfahrens einige Regeln, die für diesen Prozess zu gelten hatten. So wurde festgelegt, dass nur diejenigen Anklagepunkte, die zur Eröffnung des Prozesses benannt wurden, verhandelt werden können. Man war sich bewusst, dass durch Zeugenaussagen und im Verfahren weitere Verbrechen offenkundig werden könnten, so dass das Verfahren sich noch mehr in die Länge ziehen würde. Den Angeklagten wurde – anders als im üblichen Strafrecht – im Rahmen ihrer Verteidigung nicht das Recht auf bewusste Falschaussage zugestanden. Außerdem wurde festgelegt, dass selbst Geständnisse von Angeklagten zusätzlich durch Zeugenaussagen und Dokumente abgesichert werden mussten, »da die materielle Wahrheit ermittelt werden soll«. (vgl. Auschwitz-Prozess 4 Ks 2/63, S. 258 f.)

Interessant war die Systematik des Prozessablaufs. Zu Beginn der Beweisaufnahme hörte das Gericht Gutachten von Historikern des Instituts für Zeitgeschichte München, der Universität Bonn und – auf Antrag des Nebenklägers Friedrich Karl Kaul – auch von Jürgen Kuczynski zum Thema Verflechtung von KZ Auschwitz und IG Farbenindustrie AG. Vom Gericht wurde dieses Gutachten als »nicht zum Thema gehörig« zurückgewiesen. Außerdem bemängelte das Gericht, dass das Gutachten schon vor seiner Präsentation im Gericht der Öffentlichkeit zugänglich gemacht worden sei. Ferner hatte es in der Auswahl der Angeklagten deutlich gemacht, dass nicht institutionelle

Profiteure des Massenmordes, sondern nur die unmittelbaren Täter auf der Anklagebank saßen. Ein nicht unerheblicher Aspekt war aber auch die außergerichtliche Absprache mit Vertretern der früheren IG Farben, dass sie nur dann bereit wären, als Zeugen vor Gericht zu erscheinen, wenn die Verwicklung des Konzerns in die Verbrechen in diesem Verfahren nicht thematisiert würde. Das Gericht ließ sich darauf ein, um eine bessere Grundlage zur Verurteilung der SS-Täter zu erreichen.

Im laufenden Verfahren wurden über 360 Zeugen vernommen, darunter 211 Überlebende von Auschwitz, wobei deren Einvernahmen aus der Vorermittlung teilweise nur vorgelesen werden konnten, da aus gesundheitlichen Gründen nicht mehr alle in der Lage waren, am Prozess teilzunehmen. Außerdem wurden 54 ehemalige SS-Angehörige vernommen. Sie sollten aus Tätersicht die Verbrechen bestätigen.

Da die Täter wussten, dass die ihnen zur Last gelegten Verbrechen so monströs waren, dass es dafür keinerlei Rechtfertigung geben konnte, und auch »Befehlsnotstand« bereits durch eines der vorgelegten historischen Gutachten für die beteiligten SS-Männer ausgeschlossen worden war, verlegten sie sich darauf, Belastungszeugen einzuschüchtern, auf andere Weise zu beeinflussen oder unglaubwürdig zu machen. Zwei besonders eklatante Fälle seien hier genannt.

Freunde des Angeklagten Capesius versuchten, den ehemaligen Lagerältesten des Krankenbaus Ludwig Wörl aus München, der sich in einer finanziellen Notlage befand, mit hohen Geldsummen zu einer Falschaussage zu verleiten. Ein anderer Zeuge, der noch in der Voruntersuchung in aller Klarheit Boger als Mörder von zwei Kindern benannt hatte, war im Hauptverfahren nicht mehr bereit, dieses zu bestätigen, denn »er wisse, dass man an ihn herantreten werde, … er habe nun endlich eine Vertrauensstelle gefunden und möchte seine Ruhe haben.« (Prozessbericht Rudolf Schneider vom 21. März 1964, in: Schneider, Auschwitz, S. 90)

Wie sich diese Atmosphäre auf den gesamten Prozess auswirkte, schilderten zwei französische Frauen, die Auschwitz überlebt hatten, nach ihrem Besuch in Frankfurt:

> »Während der Verhandlung waren wir besonders betroffen, miterleben zu müssen, wie ein Zeuge, ein Überlebender der Hölle von Auschwitz, durch bewusst schikanöse Fragen des Verteidigers gedemütigt und beleidigt wurde. Wir bekamen dabei fast den Eindruck, dass die Zeugen ohne Rücksicht auf ihr schweres Erleben mehr als Angeklagte und nur selten als Zeugen der Wahrheit behandelt wurden. Es ist kaum zu fassen, dass von einem Überlebenden, der sich mit so vielen Schwierigkeiten wieder an das Leben gewöhnen musste, haargenaue Einzelheiten verlangt werden, wie z.B. nicht nur der genaue Ort und der genaue Tag, sondern selbst die Stunde, in der ein Verbrechen geschah, und ob dies aus der ersten Etage oder vom Dach des Blocks aus gesehen wurde. Fast noch unglaublicher ist es, dass die Verteidiger nach 20 Jahren die Aussagen über all die geschehenen Ungeheuerlichkeiten in Zweifel ziehen, die wir alle oft jahrelang mit ansehen mussten.« (Auschwitz-Prozess-Informationen, Nr. 5, 26.5.1964, hrsg. v. Präsidium der VVN)

Von einer Besonderheit bei diesem Prozess ist jedoch noch zu berichten. Obwohl es keine staatlichen Vereinbarungen zwischen der Bundesrepublik Deutschland und der Volksrepublik Polen über eine juristische Zusammenarbeit gab, bestand das Gericht darauf, einen Ortstermin in Auschwitz und Auschwitz-Birkenau selber durchzuführen. Auf Antrag der Nebenklage wurde ein dreitägiger Ortstermin beschlossen, der im Dezember 1964 stattfand. Die meisten Verteidiger fanden eine »Reise hinter den Eisernen Vorhang … in keinem Fall zumutbar«. Insgesamt reiste eine Gruppe von 23 Personen des Gerichts nach Polen, darunter auch ein Verteidiger und der Angeklagte Franz Lucas.

Die polnische Seite hatte Immunität und freies Geleit zugesagt. Begleitet wurde diese Gruppe von zahlreichen Journalisten der internationalen Presse. In einer Gesamtwürdigung heißt es: »Der Ortstermin in Auschwitz war ein Novum in der bundesdeutschen Justizgeschichte. Mitten im Kalten Krieg reiste ein deutsches Gericht in einen dem Warschauer Pakt angehörenden Staat, um nationalsozialistische Gewaltverbrechen aufzuklären. Angesichts der Kooperationsbereitschaft Polens konnte Bonn nicht umhin, die ungewöhnliche Reise zu ermöglichen. Das Ergebnis der Ortsbesichtigung war nicht nur von prozessualer Bedeutung. Eine Schar von Journalisten aus aller Welt begleitete das Gericht an den Tatort. Presse-, Fernseh- und Hörfunkberichte über den Lokaltermin informierten die Weltöffentlichkeit über Auschwitz und die Massenverbrechen.« (Werner Renz, zit. nach Balzer/Renz, Auschwitz-Prozess, S. 590)

Der Prozess endete mit der Verurteilung von 17 Angeklagten, nachdem zwischenzeitlich zwei weitere ausgeschieden waren und drei mangels hinreichender Beweise freigesprochen wurden. Am 20. August 1965 wurden sechs Angeklagte zu lebenslanger Zuchthaushaft wegen gemeinschaftlichen Mordes verurteilt: Stefan Baretzki, SS-Rottenführer und Blockführer in Auschwitz sowie verschiedenen Außenlagern, Emil Bednarek, ehemaliger Funktionshäftling und Blockführer der Strafkompanie, Wilhelm Boger, SS-Oberscharführer in der politischen Abteilung, Franz Johann Hofmann, Schutzhaftlagerführer und Lagerführer des Zigeunerlagers, Oswald Kaduk, SS-Oberscharführer und Rapportführer, und Josef Klehr, SS-Oberscharführer und Leiter des Vergasungskommandos.

Der Hauptangeklagte Robert Mulka, Adjutant von Lagerkommandant Höß, wurde zu vierzehn Jahren Zuchthaus, die weiteren Angeklagten zu mehrjährigen Zuchthausstrafen verurteilt. Der Angeklagte Hans Stark, 1940 bis 1942 in der politischen Abteilung tätig, wurde wegen seines Alters zum Tatzeitpunkt zu zehn Jahren Jugendstrafe verurteilt.

In drei kleineren Nachfolgeverfahren, die ebenfalls als Frankfurter Auschwitz-Prozesse bezeichnet werden, wurden weitere Täter angeklagt, wobei nur im Prozess gegen Wilhelm Burger, Leiter der Abteilung IV, Gerhard Neubert, der aus Krankheitsgründen beim ersten Verfahren ausgeschieden war, und Ludwig Erber, der in der politischen Abteilung tätig war, SS-Täter verurteilt wurden. Im dritten Verfahren wurden 30 ehemalige SS-Angehörige freigesprochen, nur die beiden mitangeklagten Funktionshäftlinge wurden verurteilt.

Zwar lässt sich aus heutiger Sicht einwenden, dass durch die Frankfurter Auschwitz-Prozesse die juristische Aufarbeitung der Massenverbrechen nur mit erheblichen Einschränkungen erfolgt ist. Trotzdem hatte vor allem das erste Verfahren eine enorme Bedeutung für die gesellschaftliche Auseinandersetzung mit den faschistischen Massenverbrechen. Durch die enorme Resonanz in den Medien gelangten Informationen über die in Frankfurt präsentierten Tatsachen in alle Winkel der Bundesrepublik Deutschland. Die Zeitgenossen konnten sich nach diesen Prozessen nicht mehr auf die Ausrede zurückziehen, von alledem nichts gewusst zu haben. Die entschuldigende Lebenslüge der Täter wie auch der nur mittelbar Beteiligten, man habe »nur auf Befehl« gehandelt, wurde in diesem Prozess durch Zeugenaussagen und Dokumente als Verharmlosung und Verschweigen der eigenen Mitverantwortung entlarvt. Für die Überlebenden und Antifaschisten war dieser Prozess ein wichtiger Anfang, das kollektive Beschweigen der NS-Vergangenheit aufzubrechen.

Literatur und Materialien

Wer sich über das Vernichtungslager Auschwitz informieren will, hat eine große Fülle an Informationsquellen. Unter den über 34 Millionen Internetseiten zu dem Thema ist jedoch eine sehr hohe Zahl geschichtsrevisionistischer und Auschwitz leugnender Angebote. Seriöse Informationen findet man unter folgenden Internetseiten:

www.auschwitz.org/en/more/german (Memorial Auschwitz)
www.auschwitz.info (Internationales Auschwitz Komitee)
www.auschwitz-prozess.de (Audiodatei des Prozesses)
www.auschwitz-prozess-frankfurt.de/index.php?id=158 (zur Geschichte des Lagers)
www.vha.fu-berlin.de (Videos der Shoah-Foundation)
www.holocaust.cz/de/geschichte/nazistische-konzentrationslager-und-ghettos/auschwitz-2 (geschichtlicher Überblick)
www.wollheim-memorial.de (in der Verantwortung der Goethe-Universität Frankfurt a. M.)

Aus der großen Zahl der Buchveröffentlichungen kann hier nur ein kleiner Auszug von Grundlagenwerken und weiterführenden Titeln genannt werden:

Auschwitz. Abels Gesichter – I volti di Abele, hrsg. v. Giuseppe Zambon, Frankfurt a. M. 1995
Auschwitz. Faschistisches Vernichtungslager, hrsg. v. Jósef Buszko, Warschau 1978 (Auschwitz 1978)
Auschwitz. Nationalsozialistisches Vernichtungslager. Redaktion: Piper, Franciszek / Świebocka, Teresa, Staatliches Museum Auschwitz-Birkenau, 1997
Auschwitz in den Augen der SS, Warschau 1992
Auschwitz-Prozess 4 Ks 2/63 Frankfurt a. M., hrsg. v. Irmtraud Wojak im Auftrag des Fritz Bauer Instituts, Köln 2004
Balzer, Friedrich-Martin / Renz, Werner (Hrsg.): Das Urteil im Frankfurter Auschwitz-Prozess (1963 – 1965), Bonn 2004
Baum, Bruno: Widerstand in Auschwitz, Berlin/DDR 1957

Bejarano, Esther / Gärtner, Birgit: Wir leben trotzdem. Esther Bejarano – vom Mädchenorchester in Auschwitz zur Künstlerin für den Frieden, Bonn 2004

Buchheim, Hans / Broszat, Martin / Jacobsen, Hans Adolf / Krausnick, Helmut: Anatomie des SS-Staates, München 1999

Czech, Danuta: Kalendarium der Ereignisse im Konzentrationslager Auschwitz-Birkenau 1939–1945, Reinbek 1989

Dokumentations- und Kulturzentrum Deutscher Sinti und Roma: Der nationalsozialistische Völkermord an den Sinti und Roma. Katalog zur ständigen Ausstellung im Block 13, Heidelberg 2001

Die Endlösung der Judenfrage in Belgien. Dokumente, hrsg. v. Serge Klarsfeld / Maxime Steinberg, Paris (o. J. – 1980)

Graf, Karin: Zitronen aus Kanada. Das Leben mit Auschwitz des Stanislaw Hantz. Biographische Erzählungen, Oswiecim/Kassel (o. J. – 1998)

Greif, Gideon / Siebert, Peter: Todesfabrik Auschwitz. Topografie und Alltag in einem Konzentrations- und Vernichtungslager, hrsg. v. NS-Dokumentationszentrum der Stadt Köln in Kooperation mit dem Staatlichen Museum Auschwitz-Birkenau, Köln 2016

Hamburger Institut für Sozialforschung (Hrsg.): Die Auschwitz-Hefte. Texte der polnischen Zeitschrift Przeglad Lekarski über historische, psychische u. medizinische Aspekte des Lebens und Sterbens in Auschwitz (Reprint der drei Bände in einem Band), Hamburg 1994

Herzberg, Wolfgang: Überleben heißt erinnern. Lebensgeschichte deutscher Juden, Berlin/Weimar 1990

Höß, Rudolf: Kommandant in Auschwitz. Autobiographische Aufzeichnungen, hrsg. v. Martin Broszat, München 1963

Kaul, Friedrich Karl: Ärzte in Auschwitz, Berlin/DDR 1968

Klarsfeld, Serge: Vichy – Auschwitz. Die Zusammenarbeit der deutschen und französischen Behörden bei der »Endlösung der Judenfrage« in Frankreich, Nördlingen 1989

Kraus, Ota / Kulka, Erich: Massenmord und Profit. Die faschistische Ausrottungspolitik und ihre ökonomischen Hintergründe, Berlin/DDR 1963

Kuczynski, Jürgen: Die Verflechtung von sicherheitspolizeilichen und wirtschaftlichen Interessen bei der Einrichtung und im Betrieb des KZ Auschwitz und seiner Nebenlager (o. O., o. J. – 1963)

Langbein, Hermann: Der Auschwitz-Prozeß. Eine Dokumentation, 2 Bde., Frankfurt a. M. 1995

Langbein, Hermann: … nicht wie die Schafe zur Schlachtbank. Widerstand in den nationalsozialistischen Konzentrationslagern, Frankfurt a. M. 1980

Levi, Primo: Ist das ein Mensch? Ein autobiographischer Bericht, München 1987

London wurde informiert … – Berichte von Auschwitz-Flüchtlingen, hrsg. v. Henryk Swiebocki, Oswiecim 1997

Naumann, Bernd: Auschwitz. Bericht über die Strafsache gegen Mulka u. a. vor dem Schwurgericht Frankfurt, Frankfurt a. M. 1968 (Reprint)

Piper, Franciszek: Arbeitseinsatz der Häftlinge aus dem KL Auschwitz, Oswiecim 1995

Schnabel, Raimund: Macht ohne Moral. Eine Dokumentation über die SS, Frankfurt a. M. 1957

Schneider, Ulrich (Hrsg.): Auschwitz – ein Prozess. Geschichte, Fragen, Wirkungen, Köln 1994

Sehn, Jan: Konzentrationslager Oswiecim-Brzezinka (Auschwitz-Birkenau), Warschau 1957

Smolen, Kazimierz: Die Widerstandsbewegung im Konzentrationslager Auschwitz, in: Internationale Hefte der Widerstandsbewegung (FIR), Nr. 3, Juli 1960, Reprint, S. 256 ff.

SS im Einsatz. Eine Dokumentation über die Verbrechen der SS, Berlin/DDR 1957

Staatliches Auschwitz-Museum (Hrsg.): Auschwitz in den Augen der SS. Rudolf Höß, Pery Broad, Johann Paul Kremer, Warschau 1992

Steinbacher, Sybille: Auschwitz, Geschichte und Nachgeschichte, München 2004

Taler, Conrad (d. i. Kurt Nelhiebel): Asche auf vereisten Wegen. Eine Chronik des Grauens – Berichte vom Auschwitz-Prozess, 2., erw. Aufl., Köln 2015

Weiss, Peter: Die Ermittlung. Oratorium in 11 Gesängen, Frankfurt a. M. 1965

Willems, Susanne: Auschwitz. Die Geschichte des Vernichtungslagers, Berlin 2015

Conrad Taler
Asche auf vereisten Wegen
Berichte vom Auschwitz-Prozess
2., aktualisierte Auflage
Paperback, 171 Seiten
ISBN 978-3-89438-263-6, € 13,90 [D]

»Jedem zu empfehlen, der sich rasch über den Verlauf des Auschwitz-Prozesses, über dessen Höhepunkte und die im Gerichtssaal ausgetragenen Konflikte ein Bild machen möchte« (Fritz-Bauer-Institut zur 1. Auflage). Ergänzt um einen Aufsatz über den Initiator des Verfahrens, Fritz Bauer, von seiner Biografin Irmtrud Wojak.

PapyRossa Verlag
Luxemburger Str. 202, 50937 Köln
Tel.: (02 21) 44 85 45, Fax: 44 43 05
www.papyossa.de – mail@papyrossa.de

Ulrich Schneider
Antifaschismus
Basiswissen Politik/
Geschichte/Ökonomie
Pocketformat, 135 Seiten
ISBN 978-3-89438-543-9, € 9,90 [D]

Zunächst stark durch die Arbeiterbewegung geprägt, repräsentierte Antifaschismus nach 1933 und in der Anti-Hitler-Koalition ein breiteres Spektrum. Heute heißt Antifaschismus Einsatz gegen soziale Ausgrenzung, Rassismus und gegen Krieg, für demokratische und soziale Rechte – ist er analytische Kategorie, aber vor allem auch Praxis.

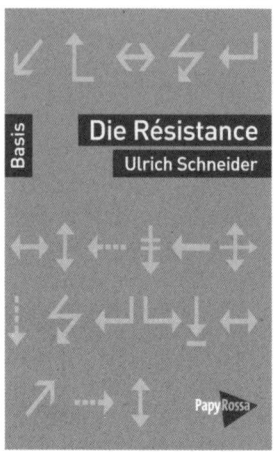